国家出版基金项目
NATIONAL PUBLICATION FOUNDATION

中國青銅器時代考

[日]梅原末治◎著
胡厚宣◎譯

山西出版傳媒集團
山西人民出版社

圖書在版編目(CIP)數據

中國青銅器時代考 / [日] 梅原末治著；胡厚宣譯. —太原：山西人民出版社，2015.9(2024.2重印)
(近代海外漢學名著叢刊 / 鄭培凱主編)
ISBN 978-7-203-09142-4

Ⅰ. ①中… Ⅱ. ①梅… ②胡… Ⅲ. ①青銅時代文化—中國 Ⅳ. ①K871.3

中國版本圖書館CIP數據核字(2015)第191511號

中國青銅器時代考

叢刊主編　鄭培凱
著　　者　[日]梅原末治
譯　　者　胡厚宣
責任編輯　崔人杰

出 版 者　山西出版傳媒集團·山西人民出版社
地　　址　太原市建設南路21號
郵　　編　030012
發行營銷　0351-4922220　4955996　4956039
　　　　　0351-4922127(傳真)
天猫官網　https://sxrmcbs.tmall.com　0351-4922159(電話)
E-mail　sxskcb@163.com　發行部
　　　　　sxskcb@126.com　總編室
網　　址　www.sxskcb.com

經 銷 者　山西出版傳媒集團·山西人民出版社
承 印 廠　山西出版傳媒集團·山西新華印業有限公司

開　　本　700mm×970mm　1/16
印　　張　5.75
字　　數　44千字
版　　次　2015年9月　第一版
印　　次　2024年2月　第二次印刷
書　　號　ISBN 978-7-203-09142-4
定　　價　29.00圓

近代海外漢學名著叢刊編委會名單

總主編　鄭培凱

編委會　傅　杰　霍　巍　戴　燕（按姓氏筆畫排序）

總策劃　越衆文化傳播·周　威

總監製　南兆旭

統　籌　徐　勝　顔海琴

出版工作委員會

主　任　李廣潔

副主任　姚　軍　石凌虚

委　員　梁晉華　張文穎　秦繼華　馮靈芝
張　潔　崔人杰　王新斐　郭向南

設計總監　李尚斌

設計製作　王秀玲　吴圳龍　何萬峰　歐陽樂天

出版説明

近代海外漢學名著叢刊選取一九四九年以後未再刊行之近代海外漢學作品，編例如次：

一、本叢書遴選之作品在相關學術領域具有一定的代表性，在學術研究方嚮、方法上獨具特色。

二、爲避免重新排印時出错，本叢書原本原貌影印出版。影印之底本皆經專家組審定，原書字體大小、排版格式均未做大的改變。

三、爲使叢書體例一致，本叢書前言、後記均采用繁體字排版。

四、個别頁碼較少的版本，爲方便裝幀和閱讀，進行了合訂。

五、少數作品有個别破損之處，編者以不改變版本内容爲前提，部分進行修補，難以修復之處保留缺損原狀。

六、原版書中個别错訛之處，皆照原樣影印，未做修改。

由於叢書規模較大，不足之處，在所難免，殷切期待方家指正。

總序/温故而知新

晚清以來，西力東漸，西方文化思想的著作也大量譯成中文，最著名的如嚴復與林紓的譯著，影響了整個二十世紀中國的知識界與文學界，使得中國文化的思維脈絡爲之丕變。除了西方思想經典、文學與實證科學著作的翻譯，以實證方法系統化探討中國文史的域外漢學，也對中國學術思想界産生了莫大衝擊，改變了中國學術的著述方法與取嚮。

中國傳統的知識結構，是按經史子集四庫分類的，以儒家意識形態的經學爲文化知識的砥柱，以史學爲貫串歷史經驗的殷鑒，至於子部與集部，則是作爲保存文獻、擴大知識面的附帶知識，可以耽情冥想，可以悠遊玩賞，却都是邊緣化的知識，無關聖教的弘揚，無關文化精髓的宏旨。西方文藝復興之後的現代學術體系，在知識分類上，與中國傳統大相徑庭，講究系統分科，不同知識領域各有其客觀存在的價值，有其相對獨立的目的與標準。日本知識界在明治維新以來，鑒於東方文明落後於西方的船堅炮利，率先效法西方，在追求「文明開化」、「脱亞入歐」的過程中，爲日本學術發展循着現代西方的體例，建立了哲學、文學、歷史學、經濟學、法學、商學、物理學、化學、地質學、醫學、農學、工程學、植物學、動物學等等新型學科，企圖與西方學術齊頭並進，從而影響了中國近代學術體系的發展。

本叢刊選印二十世紀上半葉出版的漢學譯著近百冊，分爲三大類：「歷史文化與社會經濟」、「古典文獻與語言文字」、「中外交通與邊疆史」，反映民國時期學術界重視西方及日本漢學研究的成果，藉助他山之石，重新審視中國傳統歷史文化的意義，特别是開拓了傳統學術忽略的領域。五四新文化運動以來，中國學者如蔡元培、胡適都提倡「整理國故」，以理性實證的方法，對中國文化傳統做出系統化的研究，是與這些漢學譯著相輔相成的。這些譯著除了介紹域外漢學的成果，還引進了嶄新的學術研究方法與視角，有助於梳理中國文化傳統的脈絡，重新整合知識結構與學術體系。雖然這些學術著作不是中國學者的成就，無法納入二十世紀中國文史學術的主脈，但是從中文譯本的影響而言，起碼也應當視爲中國近代學術發展的支脈或潛流，不容忽視。可惜的是，到了二十世紀下半葉，因爲兩岸政治形勢的變化，這些漢學譯著，除了部分因王雲五重新入主臺灣商務印書館，而得以在臺灣做了少量的重印，在大陸的出版界，則完全受到遺忘，甚至在許多新成立的大學圖書館中也不見踪影。我們搜集了近百册塵封的漢學譯著，呈現給二十一世紀的中國學術界，一方面是爲了銘記前人爲推展學術而做出的努力，另一方面也是爲了提醒新常態時期的學人，學術發展有其歷史累積的脈絡，可以從中汲取歷史經驗，温故而知新。

説到「温故知新」與這批早期漢學譯著的關係，可以從兩個方面來思考，以見翻譯域外漢學如何反映了時代精神，爲融匯東西方學術思維，重新闡釋中國文化傳承，做出不可磨滅的貢獻。一是域外漢學的研究對象，以中國歷史文化典籍爲主，屬於中西文化碰撞期間興起的「國學」範疇，與五四新文化人物提倡的「整理國故」運動若合符節。研究中國歷史文化，並賦予新的學術意義，是清末民初知識精英念兹在兹的心結。歷史發展走到一個環節，時代的狂風揚起了批判傳統的大旗，風中的英雄幫着推波助瀾，却又無時或忘自己民族文化主體的未來，糾纏於「傳統」能否「現代」的困境。域外漢學的出現，以西方實證方法研究中國歷史文化傳統，綜合東西方各種語言文字材料，擴大了研究國學的眼界，即使無法打開中國文化傳統是否走到盡頭的心結，至少是提供了一個解惑的方嚮，在大霧彌漫的夜晚，看到了依稀渺茫的星光。

二是翻譯域外漢學，有一種以子之矛攻子之盾的吊詭作用，逐漸化解了中國文化思維中的自大心理與封閉心態，讓唯我獨尊的國粹基本教義派解除武裝到牙齒的盔甲，轉而吸收並接受西方實證研究的學風。民國期間新式教育制度的推行、學術體系的變化、大學學術專業的創建，具體到北京大學國學門的成立，中央研究院規劃歷史、語言、考古的研究領域，都與翻譯域外漢學背後的旨意是息息相關的。因此，重新閱覽這批民國期間的漢學譯著，對二十一世紀的現代學人來説，温故而知新，不但可以窺知民國學人追求新知的心理狀態，也會刺激吾人反思，認真思考學術研究方法與中國學術發展的前景，更進一步，探索文化傳統的重新闡釋與新知介入的關係。知識體系的變化當然與傳統的重新闡釋有關，是外爍的影響大呢，還是内因變化的成分居多？

論語·爲政記載孔子説：「温故而知新，可以爲師矣。」歷代解經，對這個「爲師」的道理，有兩種相近似但又取嚮不同的解釋。朱熹四書集注説：「故者，舊所聞。新者，今所得。言學能時習舊聞而每有新得，則所學在我而其應不窮，故可以爲人師。若夫記問之學，則無得於心而所知有限，故學記譏其不足以爲人師，正與此意互相發也。」雖然朱熹把知識分爲「舊所聞」與「新所得」，强調的却是「學而時習之」，從中生發新的心得，也就是從詮釋舊典中得到新知。這個説法與朱熹在鵝湖之會以後，作詩唱和，寫給陸九淵的詩句，「舊學商量加邃密，新知涵養轉深沉」，异曲同工，是一個意思，萬變不離其宗，舊學與新知是同一個脈絡的知識學理。

然而，有些朱熹之前的經學家，解釋「温故知新」，却有不同的取嚮。皇侃論語義疏就説：「故，謂所學已得之事也。所學已得者則温尋之不使忘失，此是月無忘其所能也。新，謂即時所學新得者也。知新，謂日知其所亡也。若學能日知所亡，月無忘所能，此乃可爲人師也。」皇侃明確説到，「故」指的是過去所學的知識，而「新」則指的是新近學到的知識，新舊結合，相互發明，就可以「爲人師」了。邢昺論語注疏循着皇侃的思路，也説：「言舊所學得者，温尋使不忘，是温故也。素所未知，學使知之，是知新也。既温尋故者，又知新者，則可以爲人師也。」這裏講的「素所未知」，就不衹是研讀舊學，有了新的體會，從過去的傳統中發展出的「新知」，而是從來没聽過、没想過的新學問了。這種「素所未知」的新學問，結合「舊所聞」，對習以爲常的知識框架，就會産生巨大的衝擊，而出現飛躍性的結構變化。知識内容或許大體沿襲傳統，知識結構却得以重新整合，出現嶄新的認知系統，重新審視自己文化傳統的意義，打開文化傳承的新局面。二十世紀上半葉的漢學譯作，就發揮了這樣的作用，促使中國學者放棄自我中心的文化態度，從各種不同側面，探知中國歷史文化的光譜，以域外（或是全球）的角度觀測中國傳統，摇動了文化的萬花筒，看到七彩繽紛的中國。

嚴復在甲午戰争之後，改良變法思想風起雲涌之時，開始大量翻譯西方思想經典著作，是有感於國人（特别是傳統文化孕育的知識精英）思維系統封閉，企圖介紹實證新知，引進邏輯思維的方法，以破除儒學之道「一以貫之」與「放之四海而皆準」的虚妄。他翻譯天演論，在序文中提到，有人歸納東西方學術思想，認爲中國文化重精神，是形而上之學，立意高超，而西方文化重物質，是形而下之學，衹追求功利的回報。他認爲，這種自以爲是的蒙昧態度，陷入傳統舊學的框囿而不自知，没有自我反思的能力，無法吸收「素所未知」的新知識，也就無法開展並弘揚自己的文化傳統。嚴復非常清楚他翻譯西方經典的目的，是爲了介紹新知，打破中國傳統思維的封閉性，但是，作爲披荆斬棘的拓荒人，他深知思想封閉者的頑固心理，必須因勢利導，以免遭到盲目衛道之士的攻訐。嚴復有其防身的策略，不會像許褚戰馬超那樣赤膊上陣，而是以桐城文章譯述赫胥黎、斯賓塞、穆勒、亞當·斯密、孟德斯鳩，博得晚清知識精英的贊許，文章深閎而傳入了新知義理。從文化變遷的角度而言，通過翻譯，以迂迴戰術來介紹西方思想，得到巨大的成功，産生了改變傳統思維體系的實效，是中國近代思想史上影響深遠的大事。以此類推，民國時期大量翻譯域外漢學的影響，也是不容忽視的思想史課題。

關於清末民初西方學術思維衝擊中國知識精英，顛覆傳統文化的知識結構，錢穆在現代中國學術論衡的序言中，從中國文化本位的立場，發出深刻的感慨，做了籠統的批評：「文化异，斯學術亦异。中國重和合，西方重分别。民國以來，中國學術界分門别類，務爲專家，與中國傳統通人通儒之學大相違异。循至返讀古籍，格不相入。此其影響將來學術之發展實大，不可不加以討論。」錢穆所指出的問題，是傳統知識體系强調「通」，文史哲不分家，最崇尚通儒，而現代學術講究專業分科，各司其職，以至於讀不通古籍呈現的整體性知識思維。姚名達在撰寫中國目録學史的時候，對西力東漸，西潮帶來的翻譯著作及新知新學，也有類似的感慨：「四部分類法，不合時代也，不僅現代爲然。自道光、咸豐允許西人入國通商傳教以來，繼以派生留學外國，於是東西洋洋籍逐年增多。學問翻新，迥出舊學之外。目録學界之思想不免爲之震蕩。」這種對學術體系發生重大變化的觀察，反映了中國學人從晚清一直到民國，夾在東西方兩種不同思維體系的衝突中，身歷其境的切身感受，因此感觸良多。

二十世紀上半葉最能代表中國學術的通儒是王國維與陳寅恪，他們浸潤了經史子集的四部知識傳統，承繼乾嘉篤實的考據學風，却都經過西洋邏輯思維與實證科學的洗禮，參與中國知識結構的轉型。對西方現代知識結構如何在中國生根發芽，不但再三致意，并且以自己的學術實踐來努力促成。王國維早在一九〇二年就寫信給張之洞，反對把經學列爲大學分科之首，而主張效法西方與日本的大學，設立哲學科，明確指出知識結構的分類不可因循傳統，而必須另起爐竈。陳寅恪在一九二五年就清華大學建制的問題，寫了吾國學術之現狀及清華之職責，指出大學的職責在於學術之獨立，而中國學術界的情況令人十分不滿，必須認真效法西方學術的體制及實踐。他說：「蓋今世治學以世界爲範圍，重在知彼，絕非閉門造車者比。」這兩位國學大師，對西方與日本的漢學研究十分注意，都是以開放態度對待域外漢學研究，集思廣益，以成其大家。

再回到「温故知新」的歷代經解，說説文化傳承的闡釋學意義。劉寶楠在論語正義中指出，上古之時，文化知識是上層統治精英的家學，不再治理實際政事的長者可以傳遞德行的知識，可以爲人師。「温故而知新」，就顯示長者不忘舊時所學，且能吸收新知，繼承并發揚這種學術與政治合一的傳統。到了孔子之時，時代出現了變化，士大夫不見得能够謹守家法，弘揚德行，也不一定能够「爲師」了。孔子之後，世變日亟，「道術爲天下裂」，文化知識不再爲少數統治精英所壟斷，也不必然與治理政事有關，學術在民間百花齊放，百家争鳴。但是，學術知識發展的脈絡基本未變，仍然是要温故知新，進德修業。從劉寶楠不經意的闡釋中，可以看到時代變遷影響了學術文化的内容，改變了知識結構的體系，但其内在發展的理路仍舊，還是需要舊學與新知的融合，才能有所發展。

劉寶楠還引述了劉逢禄的解釋：「故，古也。六經皆述古昔、稱先王者也。知新，謂通其大義，以斟酌後世之製作，漢初經師皆是也。」劉寶楠贊成這個説法，並指出，漢唐人解釋「知新」，大多數都沿用此意。也就是説，舊學是傳統的知識結構體系，新知是時代變化出現的新知識，必須相互斟酌，才能發揮得宜。至於如何對舊學「通其大義」，就見仁見智，各有説法了。從這個通達的詮釋來討論近代西學東漸的情況，我們可以看到，「温故而知新」在民國學人的心底，是産生「傳統」與「現代」糾葛的心理陷阱，不易跨越。若依照朱熹的説法，「學能時習舊聞而每有新得，則所學在我而其應不窮」，雖然在哲理上可以模模糊糊説通，但在清末民初的具體歷史環節，西學的新知屬於完全不同的知識體系，在原有的舊學脈絡中，根本無從立足，如何「其應不窮」?·所以，真要放之四海而皆準，提升「温故而知新」的普世意義，以理解域外漢學譯著與近代學術知識體系變遷的文化史意義，我們認爲，皇侃、邢昺，一直到劉寶楠的闡釋，是比較合適，並與現代文化闡釋學的說法相近。

伽達默爾（Hans-Georg Gadamer）在他的名著真理與方法中，說到認知理性與文化傳統的關係，特別指出，人們通過理性，來判斷歷史文化中事實的真相，但是人的理性與生存環境息息相關，與傳統所衍生的豐富文化底蘊有關，不可能完全超越文化傳統的思維脈絡。他認爲，人生活在文化傳統之中，就不可能「遺世獨立」，以全能超越的抽象思辨來認識傳統，甚至是批判或顛覆傳統。傳統是歷史文化延續與傳承的表徵，不會一成不變，而我們的認知理性也會因時代變遷，而不斷重新詮釋傳統。伽達默爾的闡釋學以西方文化傳統爲例，說明新知如何納入傳統，而使文化傳統生機不斷，生生不息，與中國歷代經學家的說法（朱熹除外），有异曲同工之效。以此觀照民國時期的漢學譯著，我們認爲，這批學術新知傳入中國，對中國文化傳統的繁衍與發展，實有承先啓後之功。

近代海外漢學名著叢刊的出版，最值得感謝的是南兆旭先生二十多年來搜羅的執着與努力。雖然這套叢刊不能窮盡民國時期的漢學譯著，但是，能滙集上百冊自一九四九年以來在國內不曾重印的學術著作，再度公之於世，總是功不唐捐的大功德。忝爲本叢刊的主編，我面對這批民國學術材料，先是感到紛雜無章，有些原作者的學術素養也難副當前的學術標準，甚爲猶豫。後轉念一想，這是上個世紀中國最紛亂時期的學術記録，也是民生凋敝，國勢隤危，内亂外患交加之際，仍有許多學者孜孜矻矻，戮力翻譯域外漢學，爲中國學術的傳承拓展新知的坦途，不禁肅然起敬，開始用心整理分類。掛一漏萬，在所難免，好在有學殖豐贍的靜友擔任分卷主編，並撰寫各分卷前言，實在是衷心銘感。有傅杰教授負責「歷史文化與社會經濟」、戴燕教授負責「古典文獻與語言文字」、霍巍教授負責「中外交通與邊疆史」，吾道不孤矣。在整理編輯過程中，周威先生費心最多，也是我要衷心感謝的。

道術之存亡，全在人心之嚮背。這批民國漢學譯著重新問世，對我們生長在承平之世的學人，應當有激勵的作用，爲學術研究多盡份力，讓中國學術發展更上一層樓。

鄭培凱

二〇一五年七月

前言

一九四九年，身在美國的鄧嗣禹在遠東季刊發表近五十年中國歷史編纂學，總結半個世紀以來中國歷史編纂學從保守走嚮開放，「先是受日本，然後是英國、美國、法國，最後是蘇聯等影響」，既擴大了史料的範圍，又應用了科學的方法，把重點從帝國的政治事件轉移到社會經濟方面，終於「取得了巨大的進步」。鄭培凱教授主編的近代海外漢學名著叢刊，正是鄧氏提及的各國影響中的一部分——甚至堪稱是主要的部分。

本分卷主要包括兩大類：一是歷史文化，包括渡邊秀方中國哲學史概論、三浦藤作中國倫理學史、津田左右吉儒道兩家關係論、服部宇之吉儒教與現代思潮、五來欣造儒教政治哲學、濱田耕作東亞文化之黎明、梅原末治中國青銅器時代考、新城新藏中國上古天文、卡特中國印刷術源流史等；二是社會經濟，包括沙發諾夫中國社會發展史、駒井和愛等中國歷代社會研究、柯金中國古代社會、森谷克己中國社會經濟史、田崎仁義中國古代經濟思想及制度、卜凱中國農家經濟、馬札亞爾中國農村經濟研究、克拉米息夫中國西北部之經濟狀況、高林士中國礦業論、長野朗中國資本主義發達史等（以上作者譯名一仍所收各譯本）。這些著作引入中國的背景與影響，培凱教授的總序已經作了高屋建瓴、提綱挈領的論述。這裏衹就著作、作者、譯者三端分別舉例，略作一些補充説明。

先説著作。包括本輯在内，本叢書所選入的日本學者論著佔據了多數。曾有西方的東方學家概括日本學術實爲三餘：文學竊中國之緒餘、佛學竊印度之緒餘、各科學竊歐洲之緒餘。其言雖刻薄，却一針見血。但也正因善於嫁接，所以在用西方研究模式梳理中國歷史傳統方面，日本學者往往最具搶佔先機的便利，他們的著作也成爲當時的中國最多引進與借鑒的對象。例如梅原末治藉助於西方科學方法來分析中國青銅器的器形、成分，進而推論其時代的中國青銅器時代考在半個世紀中産生了廣泛的影響，如歷史學家吕思勉在先秦史中就引用過他對殷商時代青銅器的分析，考古學家黄展岳在關於中國開始冶鐵和使用鐵器的問題中則對他殷代已知用鐵的觀點提出駁正。卡特的名著出版至今九十年，仍然是時常被引用的經典，除早期的節譯本，一九五七年北京出版了吴澤炎譯的中國印刷術的發明和它的西傳，一九六八年臺北出版了胡克希譯的經傳路德修訂的卡特著作新版中國印刷術的發明及其西傳。其書既出，哲學大師杜威也給以好評，桑原隲藏、鄧嗣禹發表了長篇書評。直至本世紀芮哲非的新著谷騰堡在上海：中國印刷資本業的發展（一八七六—一九三七），還指出正是卡特著作的出版，因其表彰中國印刷術的悠久歷史和對世界印刷史的巨大貢獻，迅速影響了一批中國學者，進而影響了近代以來的中國印刷史書寫。其實，受影響的還不止是印刷術與中西交流史的學者。以夢溪筆談校證而蜚聲中外的當代夢溪筆談研究第一人胡道静回憶，正是從卡特的書中，他才知道夢溪筆談：

卡特的書説明了史料的來源，還特别夸譽了夢溪筆談這部著作，説它這好那好。於是我這個當時對古籍衹讀先秦、兩漢之書的小伙子就迫不及待地去找這本沈括的名著來閲讀了。（夢溪筆談校證五十年）

至於沙發諾夫、柯金、馬札亞爾等用唯物史觀來研究中國社會經濟史的論著，在蘇聯和中國都引發過争議，而在當時就有學者指出，陶希聖等人對魏晋時期中國社會性質的看法，即深受沙發諾夫中國社會發展史的影響。

次説作者。各書作者背景各异，身份不一，研究中國的目的也頗有差距。其中既有津田左右吉這樣的學術大師，更不乏各學科中的權威名家，而且不少跟中國還有密切的聯繫。如濱田耕作與梅原末治師徒都在中國從事考古多年，不僅以自己寫下的著作、也以自己參與的活動，影響了中國考古學的發展，甚至用自己的工作給中國考古學家樹立了榜樣。早在一九二六年，北京大學國學門的考古協會與日本東亞考古協會成立東方考古協會，被譽爲日本考古學之父的濱田耕作就參與其事，一九二九年他又與高足梅原末治再赴北京演講，爲正起步的中國現代考古學注入了新的信息。其後梅原又在上海、天津、河南等地調查文物古迹。撰中國上古天文的天文學家新城新藏在二十世紀三十年代出任過上海自然科學研究所所長。撰中國農家經濟的美國學者卜凱從康奈爾大學農學院畢業後，次年即來安徽宿州，以傳教士的身份從事農村的改良試驗與推廣，在中國致力農業經濟學的教學與調查幾三十年。同樣是以傳教士身份在安徽宿州從事教育與宗教活動長達十二年的還有美國學者卡特——而他一生祇活了四十三歲。在離開中國後他一直從事中國學術的研究，在伯希和指導下研究中國印刷術的發明與西傳，傾注了滿腔的熱情，用盡了全部的心力，終以勤勞過度，在該書出版的當年與世長辭。

末説譯者。當年就有學者感慨，外國的漢學著作可資參證者甚夥，但譯著的數量與質量總體而言殊不令人樂觀，通西文者多鄙棄漢學，治國學者又忽視西文。從事者的學養並不都足以勝任這類專門著作的翻譯，因此有的譯文比較粗糙，但就已有的成績來看，仍有可稱道者。一是有的著作不止出版了一個譯本，如濱田耕作東亞文化之黎明、馬札亞爾中國農村經濟研究等時隔不久就出版了不同的譯本；有的甚至同一年中就出版了兩個譯本，如森谷克己中國社會經濟史在一九三六年既由中華書局出版了孫懷仁的譯本，又由商務印書館出版了陳昌蔚的譯本。二是譯者之中不乏後來的著名學者。如高林士中國礦業論的譯者是曾擔任北京水利水電學院院長多年、爲中國水利事業做出了卓越貢獻的中國科學院院士汪胡楨。在年過九旬之後寫的自述中，他還憶及當年由丁文江介紹認識了中國礦業論的作者、並受作者之托翻譯該書的經過。而梅原末治中國青銅器時代考的譯者則是舉世公認的甲骨學與殷商史權威胡厚宣，身爲中央研究院歷史語言研究所的研究人員，他正是在參與殷墟發掘之際譯出梅原末治的著作的。

世事沉浮，風雲變幻，這些昔日的譯著有的還在被學者屢屢提及，有的則塵封甚久，不再被人記得。如今輯而再印，使之重見天日，是既富於現實意義，也富於歷史意義的。現實意義在於這些譯著中的若干材料仍可供今天的讀者取資，若干見解仍可給今天的讀者啓示；歷史意義在於這些譯著中的部分雖然陳舊過時，無論材料還是觀點都被證明千瘡百孔，但它們在中國現代學術史的建立與發展進程中都曾經多多少少起過作用——因此它們不再僅僅是外國漢學史的組成部分，實際上也已經成爲中國學術史的組成部分，是我們不能輕忽，更不能遺忘的。

傅　杰

二〇一五年七月

作者簡介

著者

梅原末治（一八九三年—一九八三年），日本考古學家，中國漢代考古學領銜學者，大阪府羽曳野市人。任京都帝國大學陳列館助理員，師事濱田耕作、今西龍、内藤湖南等人，學習考古學和史學。撰有專著一百二十種，論文九百五十篇。在日本考古學上，先是致力於古墳的研究。以後，爲了確定古墳的年代而研究出土的銅鏡，又從研究銅鏡進而全面地研究以青銅器爲中心的東亞古代文化，並獲得豐碩的成果。在中國考古學方面，對商周青銅器，戰國、漢代、魏晋南北朝的銅鏡，以及漢代漆器等，都有一定的研究成績。

譯者

胡厚宣（一九一一年—一九九五年），甲骨學家、史學家。一九二八年考入北京大學預科，兩年後順利昇入史學系。胡厚宣自二十世紀四十年代起即享譽海内外歷史考古學界，並不斷創造出超越前人的輝煌成績，給後人留下了良多珍貴的文化財富。主要著作有戰後寧滬新獲甲骨集、戰後南北所見甲骨録、戰後京津新獲甲骨集、甲骨續存以及五十年甲骨發現的總結、五十年甲骨論著目等。

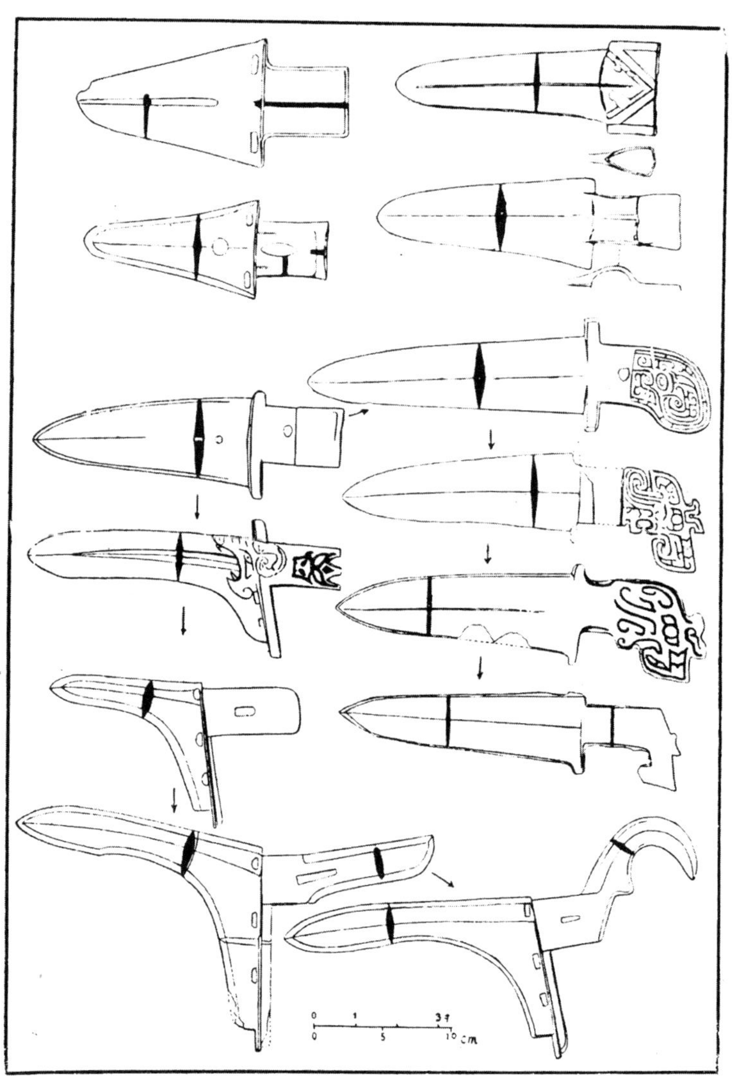

第一圖　中國發見銅戈形式圖

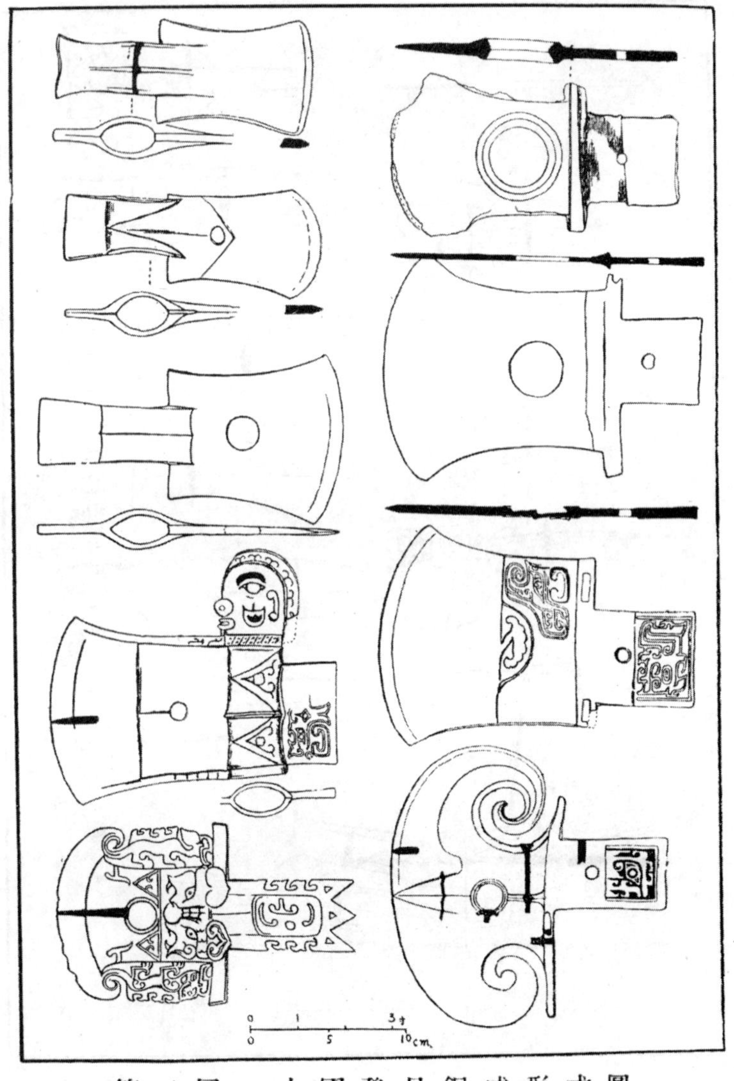

第二圖　中國發見銅戚形式圖

第三圖　古式雕文戚三例

Raphael 氏藏

武內金平氏藏

Gutman 氏保管品

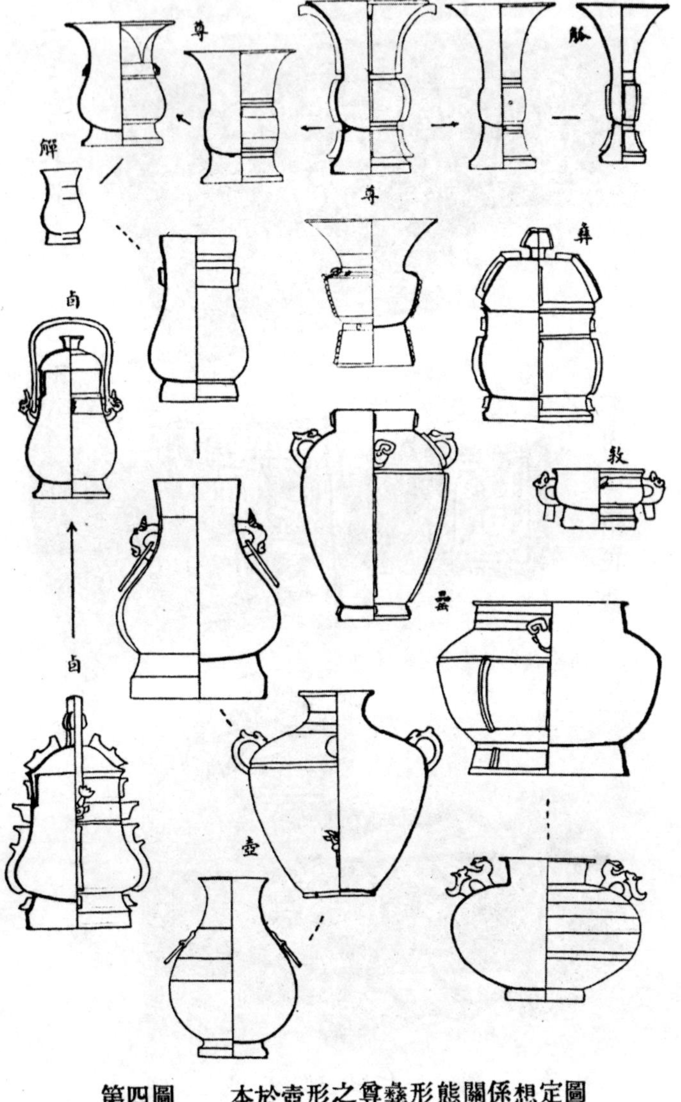

第四圖　本於壺形之尊彝形態關係想定圖

第五圖　　銅鼎諸形態圖

左上 Chicago美術館藏　　右上 嘉納治兵衛氏藏

左中 黑川幸七氏藏　　右中 黑川幸七氏藏

左下 戰國秦式　　右下 漢器(朝鮮出土)

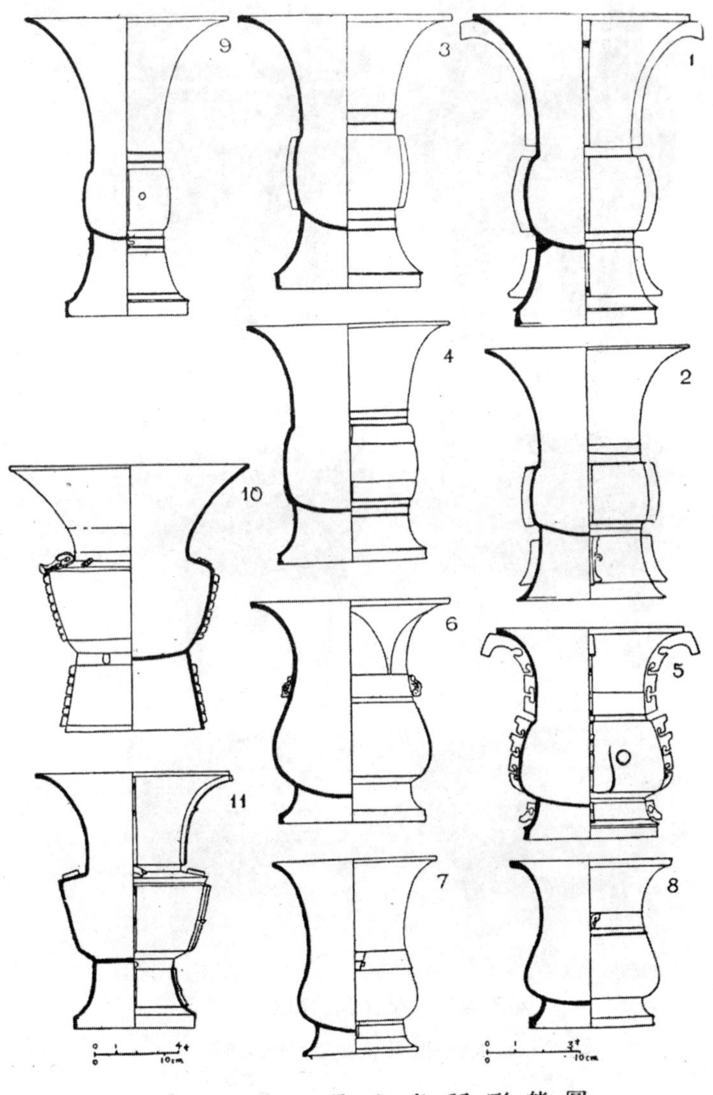

第六圖　尊之各種形態圖

第七圖　饕餮文表出法圖解

第八圖　饕餮文變遷推測圖

第九圖　卣形式變遷例

右上　根津嘉一郎氏藏　右中　Oppenheim氏藏　右下　山中商會保管品

左上　Freer美術館藏　左中　Boston某氏藏　左下　住友男爵家藏

第十圖　兕觥形式變遷例

左上　Myer 夫人藏　　右上　Holmes 夫人藏
左中　住友男爵家藏　　右中　山中商會藏
左下　川合定治郎氏藏　　右下　（匜）Boston 某氏藏

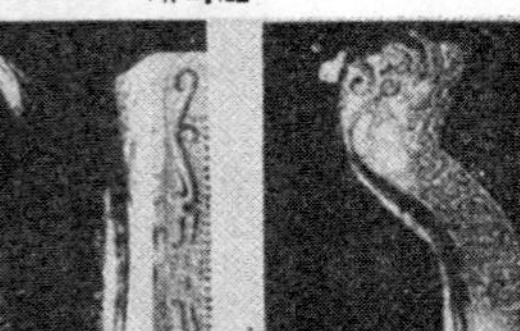
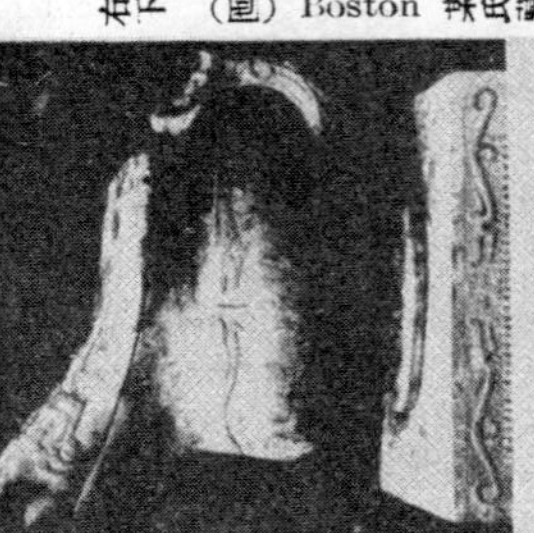
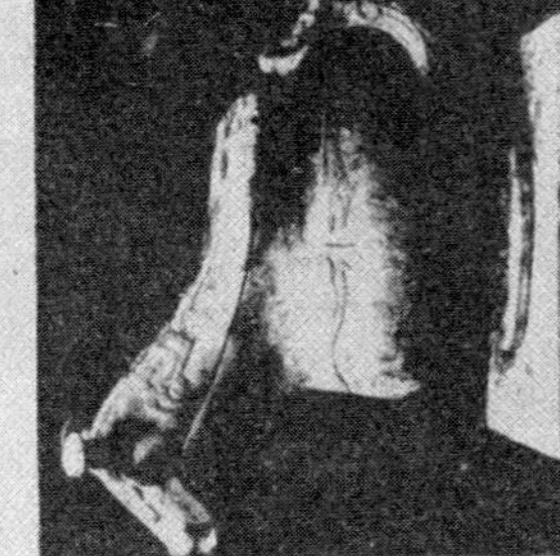

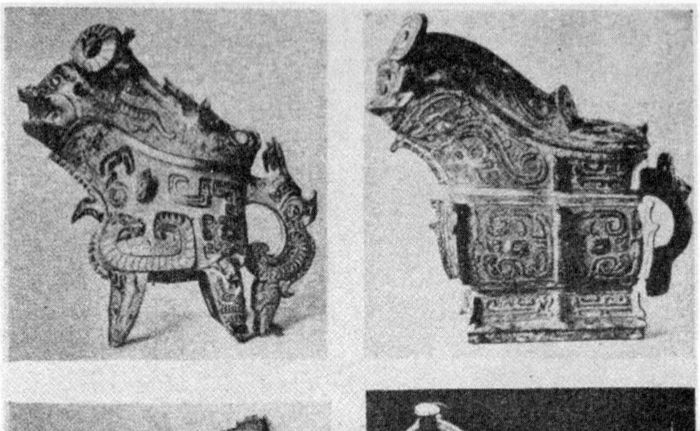

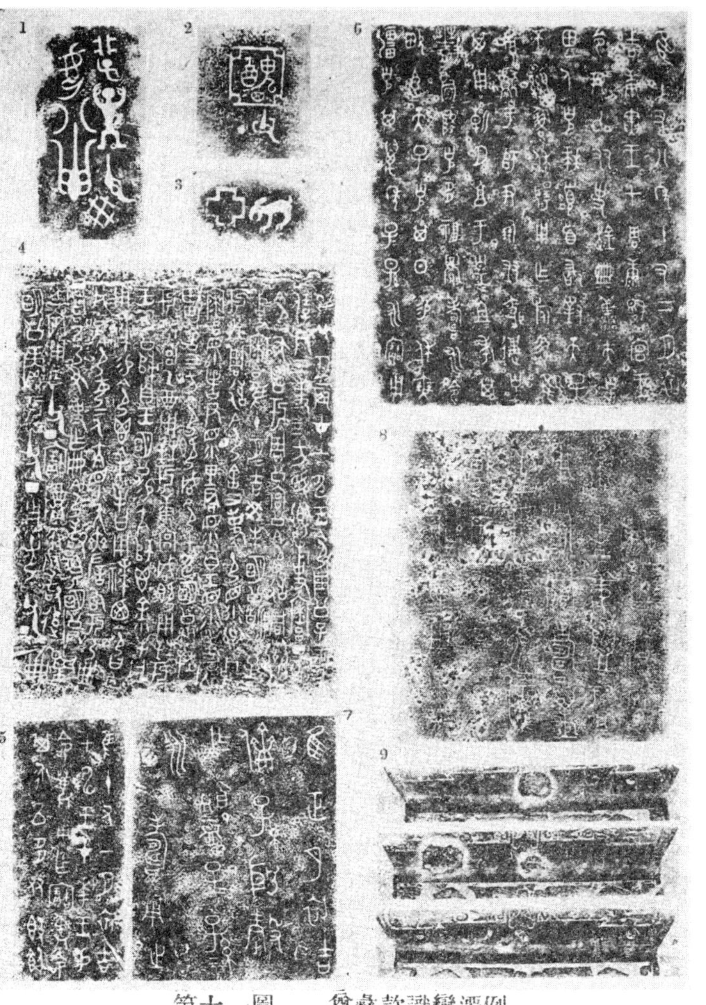

第十一圖　　尊彝款識變遷例

(1)　卣器銘　(2)　鼎銘　(3)　尊銘　(4)　矢彝銘
(5)　敦銘　(6)　盨銘　(7)　盤銘　(8)　盤銘
(9)　鈁刻銘　1—4古期　5—7中期　8,9戰國秦式

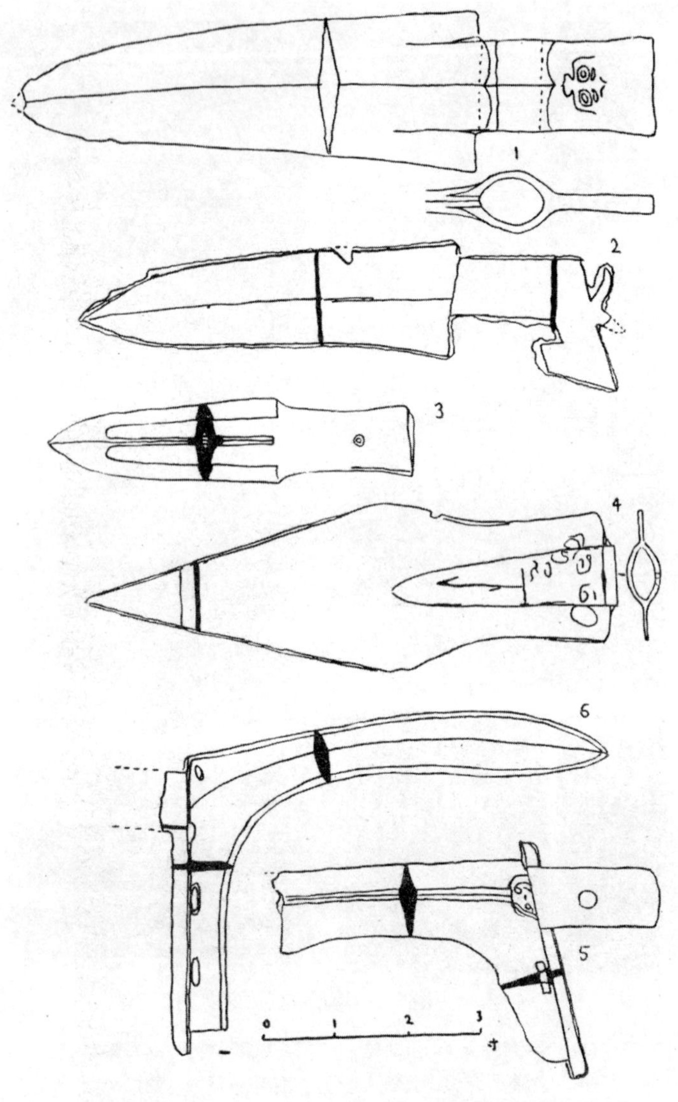

第十二圖　　經過分析之中國古代各種銅器形狀圖

中國靑銅器時代考

一

在中國自古以尊彝爲名之靑銅容器類，爲中國古代最有特色遺物之一種。自漢代以來，其出土，卽已惹世人之注意，最初解爲祥瑞，其後由愛玩轉而漸開研究之端。至於宋代，遂有考古圖博古圖錄等等大規模之圖錄刊行，在前者之記述中，並詳載其出土地及伴出物等，則又有考古學上之意義。蓋用此以爲研究之對象由來古矣。（註一）然其後在中國古銅器之考察，大體多在器物款識之釋讀方面發展，又以此等所謂禮樂之器，與見於古禮經之記事相對比，而偏於其用途細部之研究，以古銅器之研究，爲金石學一部分之文字之學，同時又以爲經學之一門，而討究其發達之途徑。至於在重要方面譬如由器物本身，以推論古代之文化，及其他考古學的研究，迄於近年，殆全爲所忽略。然十九世紀，在歐洲考古學之研究，成功爲非常的發展，隨西方文物之東來，顯然促進海外人士對於東亞古代遺物之注意。按二十餘年來，中國以外之學者，最初皆視之爲美術工藝品，其後不久，卽有新的嘗試者，由此以考中國古代之文化狀態。其爲此種研究傾向一重要機緣者，卽河南省彰德府殷墟遺物之發現。更加以安特生博士（J. G. Andersson）中國史前遺跡之發掘，其風益盛，於此不待細論，自然爲著名之事實。

觀中國各種情況，在今日尙不允許自由舉行遺跡之學術調查。因此在考古學上爲觀察基準之確實資料乃闕，至爲遺憾！惟前所記河南省之殷墟，其出土品，有龜版獸骨文，明明必爲金屬器所刻，同時又有石斧，石庖丁，石鏃等；而羅振玉氏攜其器物赴日本，亦先惹起日本一部學者之注意。如兩者同層出土，則以殷代假定爲考古學上之所謂石金過渡期，自屬可能。由此亦可定上述有特色之銅器，卽爲青銅器時代文化之產品。又見於文獻者，有秦始皇銷兵鐘鐻，鑄十二金人之記事，以此解釋爲銅器時代之終，則中國之靑銅器時代，以周代爲中核，上溯殷商，下迄周末，乃可以窺其全。而安特生博士親自發掘史前遺址之結果，又推及於此種遺物與石器時代之關連，將此等器物解釋爲古代文化之移動所致，以爲在其外形，或者尙可以看出各時代之特殊色彩。(註二) 然關於殷墟，在昭和三年以降之數年，以李濟博士等之發掘調查，發現各種有興趣之遺物，於是關於此遺跡之知識乃益廣，學者亦愈益留心。而此種發掘，在其主要地帶厚三米突以上之遺物包含層，殆全被攪擾，不能看出劃然淸晰之層序，故亦難以知其出土遺物之彼此相關，以及判定年代先後之確切標準。則發掘所得種種高文化階段所產之事實，與如上以殷代爲金石併用期之假說，其實在性遂弱。(註三) 但他方面在同地所出有二三銅利器，經道野松鶴氏親手分析之結果，其成分顯然爲純銅。於是氏乃倡說，以爲此乃實在的顯示其屬於自石器至青銅器推移之中間時期，即所謂純銅器時代(Copper Age)。(註四) 故以殷墟文化爲石金併用期，其可能性，又由另一見解證明之。而關於中國青銅器時代之學說，遂有漸次可以確定之勢矣。(註五)

余曩在歐美留學時，即以自己性之所好，對於由石器時代經青銅器時代至鐵器時代初期之近東及歐洲史前考古學具有特殊之興趣。而且於最後一年之間，幸有機會得以觀察流傳於歐美多數之中國古銅器，自然胸中即感有中國青銅器時代之問題。當時余以彼方由整然考古學上之調查，所得極堂煌之研究成果，與中國資料之性質相比較，深感其距學術的考察，前途尚屬遼遠。同時又得關於北歐近東等同代文化推移之概念，因而意識到中國古銅器本身所表現之實際，甚爲特殊。對於如上所組織青銅器時代之性質觀，余以爲不無更當別考之餘地。懷此疑念歸國後，仍繼續以考古學上之見解，從事於中國古銅器之研究，以實物之調查與研究並進，於是其感覺愈深，今則立卽可得一種與前者稍稍不同之推測。惟如上所言，以中國考古學之現狀，尤以關於此問題基準材料之不充分，欲更有所到達，在今日亦終不出爲一種假說。關於吾說與從來學說間之是非問題，余尙無強主己見之自信，於此述其梗概，不過以爲一種看法，以供諸家之一粲云爾。至於其詳，則有待高明叱正，更加推敲，容他日再據以發表。（註六）

（註一）除以上圖錄之外，在宋代尚有多數關係著錄之書，此等書籍，容庚氏宋代吉金書籍述評（載蔡元培先生六十五歲慶祝論文集下卷）有解說，篇首又記宋以前對於銅器之見解。

（註二）濱田教授東亞文化之黎明（昭和五年刊，東京）爲最初根據其系統之述作。

（註三）參照安陽發掘報告（國立中央研究院歷史語言研究所專刊）第一至四期。又以此殷墟之一班，爲簡便之記述者，有 W. Perceval Yetts: The Shang-Yin Dynasty and the An-Yang Finds (Jour. Roy. Asiatic Society.

July, 1933。)

（註四）道野松鶴氏關於古代中國純銅器時代存在之確認（人類學雜志第四十七卷第六號）及同上追報（同志第四十卷第二號）等。

（註五）參照史學雜志第四十三卷第八號彙報欄所載原田淑人漢以前之文化。

（註六）本論文與著者去年五月在考古學會總會講演之內容大略相等。惟考古學雜志第二十三卷第六號所載之講演概要，不全，茲並補之。

二

此處所謂青銅器時代者，乃歐文 Bronze Age 之譯語，用以稱呼史前文化發展之一階段者也。蓋人類日常生活所必要之利器最古使用石器其後以偶然之機緣，知有純銅，更知加以錫因成青銅而變爲質料堅勁之合金，乃用以製作各種之利器。而青銅器時代者，其所含之意義，卽指此種文化時期而言。故欲本此意義，以調查研究一國或一地方之青銅器時代，當先以考察其利器之性質如何爲重要對象之一，依所研究再比較於其他各地域之材料，放大眼光，以推量其國或地方在同代文化中所佔之位置。然在中國，以資料之關係，自米恩斯特貝瑞之著書以下，大體皆別取銅製容器，立卽用以證明青銅器時代之存在。蓋古銅器所以極早卽見於記載者，實以其在中國古代之遺物中，最爲明顯，其器物之裝飾花紋，具有顯著之特色，其鑄造之精，此外亦罕見其例。故以此爲古代中國特殊之文化產物，而證明當代鑄銅技術有異常進步之發展，當然毫無可疑。然他方面，以此等銅器與一部日常所用之陶容器等相比較，大體而言，則無寧以爲多特殊之形態，而非實際之用品，因其已脫離日常用器之域。因此則不能確究其考古學上之性質，及其究與何種之利器並存。然則若指以爲一般所用之文化階段所謂青銅器時代之所產，則有難於速斷者矣。

今徵之於普遍的史前考古學之調查，試觀關於古代文化移動大略已經確定之歐洲以及近東等處，其遺物之實際情形，往往因地方而其實際之年代及繼續之時期短，又其遺物，亦含有各自之特徵，表示其在某一地方之特殊發展過程。然凡明確的表現其爲青銅器時代之處，其銅製品皆以利器類爲首，在其利器之上半，有裝飾品，稍稍惹人注目。其利器之形式，皆由石器之系統發展而來，其無者，則爲自其他進步文化傳來之產物。及至青銅器時代之盛期，或鐵利器出現之時代，銅始被用爲利器以外各種器物之資料，此爲明顯之事實。在彼青銅器時代長久保持之北歐瑞典，其繼承木器系統之青銅容器，自第三期始有，（註一）此與歐洲中部史前時代以銅容器爲代表而銅製品最多之 Hallstatt 時代，意大利 Etruscan 之遺物，同前者有密切關係之高加索 Koban 地方鐵器時代初期之銅製品（註二），以及在古典希臘技術遠出鑄銅之上之雕像及其他各種銅製，工藝品等皆不外對於此種之事實加以左證。以中國之尊彝卽銅容器，與如上之銅製品相比較，與其列入瑞典之例，無寧編於後者部類之產品中。而且由刻於器上之款識，及其他方面推測，則其較Hallstatt高加索鐵器時代初期之銅容器等內容更爲進步。中國人之所以解爲禮樂器，亦暗示其在文化史上乃極高階段之所產。然自Hallstatt以下其屬於史前文化階段之鐵器時代，已毫無可疑。在中國既無如瑞典之詳細研究，在今日自不能考慮此等之點。若僅謂其爲青銅所製，取而以同意義立斷其爲具有人類文化發展更古階段青銅器時代之特徵之遺物，則當然不能無疑。余對於中國青銅器時代之考察，卽由此種疑問而發。懸望如能成功，或可組立一新的系統。其方法則先仔細檢出從來所忽略之青銅利器，而確定其性質爲如何，他方面更由考古學上之見解，對於古銅容器作一新的檢討，而重在推論其在古代文化發達上所佔之地位。而近時在多數尊彝之外，對於銅利器，亦漸漸引起一部識者之注意，雖然由實物之觀察，知現在所有之資料尚頗不充分，然在種種方面實爲一極有興味之問題。今卽立於以上之觀點，對於中國之青銅器時代，述一假說，以下先自利器言之。

（註一）參照 Oscar Montelius:S wedish Antiquities（Stockholm,1920）及同博士著，濱田博士譯考古學研究法（昭和七年刊，東京。）

（註二）關於 Hallstatt, Etruscan 等之遺物，已廣知於世，不必一一備舉。關於高加索之遺物，看 E. Chantre: Recherches Anthropologiques dans le Caucase (Paris et Lyon, 1885–187)等。

三

中國古代之銅利器類，在今日較之尊彝，其遺品尙少。此則以厄於其國愛重文字之風。蓋自宋代以來，關於遺物之蒐集，只以有銘辭者爲主，從來皆置此類於不顧。又近年海外關於中國古代美術之蒐集，亦原不過出自對於異國文物之好奇心，惟形式之珍，獨喜其花紋特異之類。於銅製品，亦獨重尊彝，如利器則亦僅限於形之特殊及有繁縟花紋之遺品。因此在鍬的考古學不發達之今日，欲覓可據以論證其性質之資料，蓋極難。然通觀余數年間自各地特意蒐集所得當認爲漢代以前之遺品——此年代，乃與在朝鮮南滿洲等地所得確知其爲漢代之遺品相比較而定。——其中有鏃，斧，斤，矛，劍，戈等，其種類甚多，且含有明顯特殊之形式。(註一)

其中有在許多國爲銅利器中核所通有之銅斧類，在中國現在之資料所示，僅有有袋之一種，其時代近漢，當與鐵斧並行，其形式如此，而時代更古之遺品殆尙未見。他方面其銅鏃數量之豐，亦通古代世界所稀有。今其多數之遺品，既皆屬於漢代，則亦明明爲鐵器時代之所產。同時亦含有與如殷墟所出土骨鏃磨石鏃等有關連之產物。又關於矛，有鋒幅寬廣，在袋穗近端飾以發達之環之類，相似於在英國等處最發達之銅鉾，亦可認爲中國之特徵。凡此等等，皆足以引起吾人在研究上之注意與興味。然在中國之銅利器中，較此等特色更爲顯明者，則斧之另一形式之戚與所謂戈二者是也。

戈與戟，同爲先秦之兵器，自古即見於文獻，其實物亦有遺存，自宋黃伯思之研究（註二）發其端，更經清程瑤田精密之考證（註三），始知其爲一種句兵。其形式之特色，即「援」（身）之一方，横延而爲「胡」，柄沿「胡」而通「內」與「援」裝成直角。在句兵 halberd 之內，爲最發達之形式，其複雜者在「內」端亦附以刃，凡此皆爲他處所未見之類例。然關於此種常有之戈，近時在續出之銅利器中，有同爲句兵而在形式學上當爲此類之先導之古式遺物者亦不少，有時亦有處於兩者中間之形式。以之與戰國末年實用利器之戈相較（註四），又自殷墟出土之實物而推，知其年代甚古。則戈之利器，在中國必有長久之發展可知。但因吾人所有資料，殆全爲游離的遺品，則欲

二

以此發達之系統找出其與遺跡及其他遺物之相互關係，而定一更爲確實之基礎，則仍當待之將來。然自形式而觀，其推移之序則大體可如第一圖，其間並無甚 gap。惟此外尙有一羣形式脫離此種主要系統，比較於形式較古者，其「內」已顯然的裝飾化，去實用利器甚遠，更變化遂成爲一種假器，此又當留心，而在所謂殷墟出土品及古式實用品中，頗有不少此後者之類（註五）蓋爲戈發達以後之一種事實。若以此等比定爲殷代之產品，則當然必使研究者更爲注意也。

其次戚亦一種利器，有內，著柄與刃成直角，與戈有共同之特徵。惟其主要部分之外形，則明明屬於斧頭之系統。而在體扁平中央多開圓孔諸點，則又別有興趣。在現有遺物中，其形式簡單，當爲實用之利器者，固然亦有，然在蒐集家之間，特爲所喜，而現在實例最多者，厥爲其上加有複雜飾紋之一種威儀之器，及在「內」之一部具有古拙銘辭之遺品。今以此等併而觀之，依飾紋之有無，及其圖紋繁簡之度，可組立一形式順序圖。（參照第二圖）如此在其最複雜飾紋之中，可以看出象徵三代古銅器紋之饕餮及虺龍紋之好例。近時或以此類爲殷墟出土，將來亦當惹人注意。

今以以上二類所示，廣較於古代世界之銅利器而觀，則前一系統之 halberd 乃與短劍同導源於所謂石槍之一種形式。在愛爾蘭青銅器時代之初期，始有稍稍顯著之遺品。在西班牙，北歐之一部（註六），多島海等之青銅器時代，乃得見其實例。然在各地方後來皆變爲專作刺兵之短劍，無變爲句兵有若前記之發達特色者。至於戚，由其形式，可入於西人所謂 plain blade axe 之中，若求其古式同形同裝著之遺品，則古代埃及可爲最顯著之實例，惟在外形上稍有不同。按柄於袋與刃成直角之相似著裝之銅斧類，源於所謂 pick axe 之系統，在近東各地分布特別濃厚，而在北歐亦見有同系統之遺品。其爲米諾安 (Minoan) 文明特色之double axe，卽可加入其中。（註七）然中國各種之戚，其中除裝柄於所謂銎（袋）者外，亦有如斧之加於所謂「內」者，此爲一種特色，又於身之中央開一圓孔，在他處亦全無此例。故在中國史前石器中，其形式具有特色之有孔石斧，意者當與前人所已指出之玉斧（註八），同爲銅製戚之祖型。果如此，則今日在中國銅利器中最顯著之二類，與尊彝卽同爲古代青銅器中具有特徵之遺品矣。

（註一）關於中國古代之銅利器，余前年曾作一中國古代銅利器考，刊東方學報京都第二册，記述稍詳，故於此務求簡略。此文中，有與前不同者，乃其後以獲得新材，對前說加以補正者也。

（註二）參照黃伯思東觀餘論中之銅戈辨。

（註三）參照程瑤田通藝錄所載冶氏爲戈戟考。

（註四）如在朝鮮大同江古樂浪郡之古墳分布地帶所出刻有秦始皇二十六年銘辭之遺品，即其好例。此爲銅戈最發達之形式。「內」端亦著刃，一部中國學者以爲戟。但至漢代，銅戈已廢，此由同一古墳地帶除此一例之外未嘗再見之事可以知之。

（註五）李濟博士俯身葬（載安陽發掘報告第三期。）

（註六）V. Gordon Childe: The Dawn of European Civilization (London, 1925); George Coffey: The Bronze Age in Ireland (Dublin, 1913); Nils Aberg: La civilization énéolithique dans la Péninsule Ibérique (Uppsala, 1921); Oscar Montelius: Die Chronologie der ältesten Bronzezeit in Nord-Deutschland und Skandinavien (Braunschweig, 1900)等。

（註七） Sir W. M. Flinders Petrie: Tools and Weapons (London, 1917)

（註八）林泰輔博士由中國古代之石器玉器看漢民族（史學雜志第三十編第七，八號），濱田博士中國古玉概說（收於有竹齋古玉譜）及全博士感想考附載（刊於小川博士還曆紀念史學地理學論叢）等。

四

就現存之中國銅利器，與其他古代文化世界之遺品相比較，可以知其具有顯著之特色，此已如上述。而在青銅器時代之研究上，其次則更當討論使用此種利器之時代問題。觀如前所言，吾人所處理之資料，殆全部不知其出土之地點，在考古學上爲價値甚低之游離的遺物，則其考定在今日尙極爲困難。惟在現存之中國式銅劍內，其時代有當屬於周之後半者，亦有當爲周末漢初之銅斧若干，又在具有特色之銅戈中有刻有秦始皇紀年之遺品，則器之自身，已明示其製作之年代，極爲惹人留心。然在後者，若最確實的朝鮮樂浪郡時代古墳地帶出土之一例所示（註一），其戈之形態，已發達至於頂點，「內」端亦附以刃，中國一部學者以爲戟，其質料爲缺乏利器所必需之靭度之白銅所製成。觀在樂浪遺跡，並無其他銅戈出土之例，其利器始於同系統之戟，與全爲鐵製者並見，則此戈之年代，卽當解爲銅利器之盡期，僅此固不能判斷其他諸形態之年代也。在殷墟之出土品中，亦有與此同式之銅利器，則與其分析結果並不含錫之事實，正相表裏。此乃參考一部學者之論述，而與初期年代觀以規準者也。

河南省彰德府附近殷墟銅利品之出土，因李濟博士等之發掘調查，結果甚爲明瞭，李氏亦已有關於此種利器之研究論文（註二）。其時有古式之戈，未經擾亂，與墓葬之人骨同出，至有興味（註三）。然由博士所集其他資料而觀，此戈按其形態，雖亦有相當於實用之利器，然其實則以鑄饕紋於「內」之裝飾化之遺品，及李氏所呼爲銅製明器，其形式已變爲扁平之假器者居多。其餘利器如矛，亦有同樣之傾向。前所言缺少錫成分之器，大體卽指此種（註四），而此外則加以多量之鉛。余曩對此種遺物，曾適用一種假說，以爲其時代當在該利器使用之初期（註五），今由此遺跡之時代乃在殷之後半期，知其說頗爲不當。一部論者或以爲在殷墟有用爲明器之古式戈矛，又有可以實用之古式戈（瞿戣）在今日既無區別兩者之標準，卽可一概名之爲殷墟式，而視爲當時一般通行之同種利器。然在理論上，利器之裝飾化及明器化者，乃因另外之一種情形，在實用利器之後發生。尤以如此殷墟出土之古式戈，其「內」之獸形裝飾，後來變爲完全無有，而周體扁平，自實用之眞利器至此，想其間至少亦有幾個形式階段。吾人在今日所知遺物，其在形式上之演化，旣如前圖所揭，則其相類似之形態者，亦自可以概見。是以吾人可以無疑的如此推想，卽：戈在中國爲具有特色之利器，在殷墟雖兩種同時並存，然在裝飾化利器以及明器發生之先驅，實爲使用實用利器之時代也。

前曾言有一假說，以河南省殷墟之文化階段，爲石金過渡期，其見解在一部人士之間，亦被相信，然觀李濟博士等發掘所得之種種遺物，則其代表極進步之文化階段者甚多。至於層次擾亂之一點，今李博士在安陽發掘報告第四期，亦言此等性質觀念，難以盡採，畢竟不能認爲乃原始之狀態（註六）。最近梁思永氏在小屯附近之後岡發掘，如其所得之層序狀態爲可信（註七），則關於殷墟層序之擾亂，益覺其然。以此證之實物，如最早羅氏所蒐集之雕牙骨器，嵌有青石饕餮紋之銅片，又如特殊之白陶，以及其後續出之同類及銅器片等，其手法皆與高出其上之尊彝具有同一精美之特色，而如牙雕骨片，又與刻有文字之龜版獸骨等必有關連。然觀上述之銅戈，知此種銅片當爲古式戈之「內」（註八），則銅戈亦當加入於同羣之中。

今更通觀現存銅戈銅戚之類，其中當爲實用之利器者固多，其戈自瞿戣之古式之戈至於戈戟，可以研究其連續發展之階段。然尙有一部分加有裝飾及其形狀已經顯著的複雜化，而去實用甚遠之遺物亦不少。在上述殷墟出土明器中完全形式化一類之外，關於銅戚，尤以此種形式顯然複雜化如第三圖所示之遺品，其周身皆施以繁縟之裝飾，在其外形雖爲利器，而在器之本身，則全爲裝飾而設。然在現存遺品中，此種戈戚所以甚多者，實因吾人所據之資料，皆當作美術古董品而集，此自不待言。而此類之存在，蓋以日常生活所必要不可缺之利器與時共進，乃成爲一種 sym-bol，在民衆之間，視之極爲重要。而且由其所具圖文之性質，在今日眞正考古學的資料旣感缺乏，則在器物年代之考訂上，自然可以爲一種根據也。

在此種利器上所鑄各種飾紋，精粗不一，然皆與飾於所謂三代尊彝之紋飾，同爲奇怪動物紋之範疇。如前所述，其最複雜之樣式，有與銅容器同一繁縟之饕餮及虺龍紋，與上述殷墟出土雕牙骨片之圖文，亦相合致。又其器上有時亦見銘文，發達之戈等，則不用刻銘（註九），而鑄銘辭於與裝飾紋有關連之「內」間，則與普通古銅器上所謂古拙之記號的銘文，又復相同。故遠於實用利器之出現，當與此種尊彝及雕牙器並行。此解釋，在一方面自然同種之實用利器，較此等時代在先，而他方面，與此並行之尊彝之年代如能確定，則引申而利器之年代，亦可以推測。總結銅容器及利器，即可以通考中國青銅器之時代性質及其體系。至於尊彝之性質，尤以關於其年代，則於此更爲一新的問題。

（註一）參照藤田梅原小泉南朝鮮之漢代遺跡（朝鮮總督府刊，大正十四年）及關野博士樂浪郡時代之遺跡同上，昭和二年刊）等序中附記東京中存不折氏所藏有秦始皇二十九年銘之戈（周漢遺寶所載）與樂浪出土品之形式同。

（註二）李濟博士殷墟銅器五種及其相關之問題（刊慶祝蔡元培先生六十五歲論文集上册）

（註三）同俯身葬（安陽發掘報告第三期）

（註四）本前引道野鶴松氏之論文，及京都帝國大學理學部小松山內分析之結果。關於後者他日將刊印詳細之報告書。

（註五）參照梅原殷墟白色陶器之研究（東方文化學院京都研究所研究報告第一册）第八節。

（註六）關於此點，濱田博士於介紹今京都大學所藏雕牙骨片白色陶片時，亦已言之。參照同博士中國古銅器研究之新資料（載國華第三七九號，又收錄於東亞考古學研究）

（註七）梁思永氏後岡發掘小記（安陽發掘報告第四期）

（註八）梅原關於殷墟發現之銅製品（史學第八卷第四號）

（註九）更詳言之，戈之系統，其古式者，大體皆鑄印記號的銘文，此與某種之戚相同。此類因形式之發展，往往又與後述尊彝銘文之變遷相應，而有刻有銘辭之遺品，直至於秦。

五

所謂三代之尊彝，與漢代銅器，同爲中國古代銅容器之大本。自宋代以來，以愛玩器物之風，早已引起一部學者之注意。至於清，考證學極其隆盛，器物款識之學亦大興，其關於此種之著作，更可謂汗牛充棟。然自來學者之研究，殆只限於銘文之解釋，又因其以爲尊彝皆祖廟寶器及饗燕器等之關係，故始終與古禮經之記載相比附，而考其名稱用途等，即所謂器名之學。其結果，嚴密說來，如大體之年代觀念及更廣意關於器物之性質等，殆全不可信。

蓋此種銅器，如最早博古圖錄考古圖等所示，其器形多遠較陶器等爲嚴肅複雜，其裝飾圖文，全面皆爲饕餮虺龍等之奇怪浮影，其全體所與吾人之印象，無論如何，決非奇異繁縟之實際使用之器，故中國學者，就其用途，根據經典所散見，以爲並非日常之器，乃以供禮樂之用者。其

（1）尊，總括的所謂盛酒之器，

（2）以爵爲總名之飮酒之器，

（3）烹飪器之鬲鼎類及盛黍稷之敦彝類，

皆與樂器有別，更就一一形狀而各與以名稱。今如舉其主要者，則第一類有尊，壺，罍，瓿，卣，觥，盉等；第二飮酒之器可舉爵，觚，觶，角，斝等；第三類主要者爲鼎，鬲，甗，敦，彝，簠，簋，豆等；又樂器有鐘，鐸，錞；此外又有盤，匜等沃盥之器。（註一）

關於此等器物之年代，中國金石家往往由其款識立卽區別其爲商（殷）器或周器，而對於周器，更相信由銘文之內容且能考定其局限之年代。此種解釋，一方面依銘體，他方面由其內容而研究，其中固含有相當之成果。然由實際觀察，所謂尊彝若後來之漢器，並無示吾人以絕對不動之確實年代者。又按其器之性質，銘辭只限於某類，亦有因器而附以同樣之銘者，則由此自不能充分的推量其年代，而且因人異其解說，亦難遽以爲據也。試舉一例，如爵在中國古代流行甚廣，此自經典可以知之。然若按此種銘辭之解釋，則體多古拙，當只限於殷商，豈不繆誤？惟此種矛盾，在最近之中國學者，已漸漸覺醒矣。

更轉而考之，銘辭爲陽鑄者，自然卽與器物同時。然銅器中常見有陰文之銘者，若以此種銘款爲器物本來所有，則是已確定銅器在鑄銘之外，此種乃於器物鑄成之後，隨卽刻銘者。但如中國尊重文字之邦，觀其對於器物之玩愛珍藏，則於古來本無銘文之器，後代隨時附加銘文，乃極容易之事。徵之實際，古器於出土後追刻新辭之例，亦並不少（註二）。如最近流傳海外多數新發掘之銅器，無銘者已達相當之數量，亦有可與確實鑄銘之器相比者，（註三）其中多有於出土後因見與從來器物爲有銘者不同，從而追刻之事。然從來對於銘文之研究，關於此等地方，皆無周到之注意，以器與銘爲不可分，由所有之銘，立卽推定其器物之年代（註四），由此以組立銅器之年代觀，則其銘文雖多有明示其年代者，而危險亦卽隨之。反而言之，三代尊彝，其銘文本身極少有如此之明確者，則其難遽以爲據也自明。中國之著錄，（註五）往往見有同一器形及圖文，而一以爲商器，一以爲周器之矛盾年代觀，則因不但未曾觀其外形，卽銘文之自身，亦且未加省察也。吾人並非甯同於近時西歐學者對於銅器觀察之傾向，由美術史的觀念，甯可拋卻銘款，僅重視其器物及圖文。銘文，吾人相信自有其價値，然器形之圖文，亦爲尊彝構成部分之所不可缺，則在研究上亦自當重視。而在考古學上根本資料極感缺乏之今日吾人以爲當先以選擇確實之器物爲第一條件——所以必以此爲第一條件者，蓋因中國銅器中模古之遺品以及贋作之僞品極多。——關於銘文，加以如上之確定，然後再對於器形，圖文，銅質，銘文等器物所有之部分加以考察。在此等集積之上，余相信必能組立一古銅器之新的性質觀及年代觀。次項卽本此種意見，依過去數年間之調查成績而論述所謂尊彝之形式觀。

（註一）對於此等器物爲一簡明之記述者，有容庚氏之殷周禮樂器考略。（燕京學報第一期）又Sirén博士在其中國古代美術史第一卷（Osvald Sirén: A History of Early Chinese Art, Vol. I, London, 1930）亦記其概要。

（註二）今試舉一二例，如我國住友男爵家，根津嘉一郎氏及美國華府Freer美術館各藏一同形之有蓋虺龍饕餮文罍（壺），其中惟Freer美術館之遺品有銘刻之長文，當爲僞刻。又美國紐約Metropolitan博物館與費府大學博物館皆藏一同形之犧首饕餮虺龍文罍，在前者卽顯然有後刻之古銘。又如最早山右金石志所著錄，王國維氏作爲攻吳王大差鑑跋（觀堂集林）有名之蟠螭文銅鑑，其實物所示器既不古，而銘文更爲後刻。

（註三）參照梅原支那古銅精華第一第二兩册。但此種無銘之器，在一方面依器形而有種類之多少，又在時代上亦有關係。凡此與在某種器上多爲某種銘文之問題等，同爲須待將來由多數資料方能明瞭之事，特附記以爲參考。

（註四）但自來金石學者，亦有僞刻銘辭者，當各加以注意。如最近發表商承祚之古代彝銘僞字研究（金陵學報第二卷第三期）卽專講此事者。然與器物之本身無關。

（註五）參照容庚氏寶蘊樓彝器圖錄等。

六

先就尊彝之形態而觀，如上所舉多數器物；其形式實具有極大之變化。如烹飪器中之鬲，於中國史前之陶器中亦見有與其形式有同樣特色者，則考出兩者之關係，推知由此至於鼎甗諸形之發展過程（註一），其變化卽自然可見。又容器中以普遍的壺爲基準形式之器物極多，他方面由未開化民族士俗所用之竹器角器等而推，又可知容器之形式，亦多有本於此類。在此點有當與之相併而觀者，卽器物之名稱，以尊彝爲總括而有小共名，更因所依據而各有專用之名稱。然現有之多數銅器，茲不論其裝飾的奇怪獸文，只就與用其他質料所作器有直接關係之鬲豆等二三種器物考之，其形狀卽多有特殊。又如壺附加於中國人稱爲圜足之器臺，亦與陶器中普通所見之形態有異。今試觀以壺爲中核各種器形之相互關係，則大體如第四圖所示，是在壺本身之間，亦有若干基礎形狀之器不同。惟觀此形態關係圖，有一點應當注意，卽同爲壺形而在銅器中各個形狀，顯然的已經固定化，在基礎形狀相互之間，能表示自然之演變推移者極少。此則爲現存之資料所限，蓋此等器物，在進化至銅製以前，早已自壺中分化而出，因其用途，而生出如前之各種狀態。同樣，源於角類之器形，例如兕觥，角，爵等，亦並無相互親近之脈絡，只由觥至於匜，其器形之推移，尚可看出，此外若角爵等與角器，其形態至相違異，蓋其形皆已固定化也。故欲自銅器與用其他質料所作器物形態之關係，及器物相互之關係等，以建立銅器之形態觀，仍有相當之困難。

故尊彝中各種器物，其本身之形態，有固定化之傾向，可以看出。然他方面，在一專名之器中，又有種種形狀之差異，當爲銅器成形以後之變遷者亦不少。關於此種，可先舉繼承鬲之系統之鼎爲例，又在尊卣中最顯著之所謂敦，盉，兕觥等亦然。惟若如此實際找出一種系統，則必須在多數確實遺物之聚成圖作成後，方能獲得正確之指歸，在今日尚非其時。然例如鼎，則大體有若第五圖所示諸類，尊則有若第六圖所示諸形，卣則又有如故士布拿氏（Jörg Trübner）所類聚之種種遺品（註二），此極可注意。而尊與卣又有混合者亦不少，則在其各自形態推移之外，又可以研究其兩者交相演進之序程。更依此種觀點，在盉下半部之形式，亦可以看出相近於由鬲至鼎形態推移之變遷。今由形式學上觀察此種器物先後之序列，大體皆由嚴肅複雜之器形，漸漸變爲實際而整美，更後其形態卽漸變而與所謂秦銅器——以下呼爲戰國秦樣式（註三）——有關矣。中國古銅器之形態，如宋人所論至於漢器已顯然變形，所謂尊彝之類概行絕迹。惟其中如鼎尙時有器形殘存，承戰國秦式之後，自所謂三代之鼎至此在形態上乃劃一永久之分野。又一部人士稱爲漢卣之有提梁壺形漢器，其間亦時有與戰國秦式同形者，則與卣之長大整美者有相同之關係。是故如上尊彝之某種，若在形態上考其相對之年代，則複雜奇怪者古而整美便於實用者，乃後來所作。

但於所謂三代銅器中，如瓿，簠等，其現存遺品，僅爲比較適於實用之器，又如最初所記爵，角，斝，觶等亦僅爲奇古嚴肅之形態皆極少變化。則如言尊彝全體之形式觀，此等器物與上述諸類之關係，卽成一問題。然觀角，爵，斝等在戰國秦式皆已絕迹，飲酒之器代以別種形式之杯——使用棓等——至漢代而盛行，（註四）則形式奇古之角，爵等，卽當與上述系統之初期階段相並行，而瓿，簠等，因其形式相似於戰國秦式，自當解爲後出之器也。故在同一專名之器中，此等形式違異之諸器，其形態之推移，爲極當注意之事象，一方面由具有固定化傾向諸多銅器之所表現，自然可以看出其相當長久時間之經過變遷。（註五）而近來依新資料之續出，漸次由其年代已經明確（註六）之戰國秦式——所謂秦銅器——至漢器三四百年間之推移，卽已得其要領矣。

其次再觀尊彝所飾之花紋，其特徵爲所謂饕餮，虺龍，夔鳳，夔龍等奇怪之動物文及雷文，而尤以饕餮文最爲惹人注意，恰爲裝飾之中核，而附屬以其他之文飾。關於饕餮文之起源，有種種不同之見解，在今日尙無定說（註七），蓋以其最顯著之特色，及地文之雷文，同爲極難研究之問題。然銅器上適用此文，其文樣所取之形式，恰恰以動物之頭部爲中心，而向左右開展，又器物周圍之文飾，其關係亦然。而此圖文之左右，同時各成一單一圖形，——余假定稱之爲正側面同時表出法——則又爲一種特徵。此點與大洋洲，北美等未開化民族間之動物文，以及南俄斯克泰者皆不同。（第七圖）

饕餮文在各種尊彝，其變化較少，蓋與器形之固定化，有共同之傾向。惟所有用爲器物裝飾之資料則甚多，其間且頗有不同。如上述用浮雕所作各種奇怪狀態之饕餮文極多，他方面在各部分之表現，又加以雅緻之線文，其四肢或變化或消失，僅顏面顯著，又有象徵化爲僅有耳目，其他則雷文化者。於此等之間，若考其文飾之推演，亦非不可能。譬如形式上部分之省略，或一部分象徵化者，當在全體形狀之後，此於形式上甚爲明顯。他方面戰國秦式銅器上之獸面及所謂蟠螭文，與以上僅有顏面之饕餮文在系統上之關係，亦可以考見。其詳細之變遷，雖有待將來，然其形式之順序，則大體由繁縟之正側面同時表出者（註八），漸漸四肢變化消失而地文化，更由所遺留之顏面，遂成爲純粹之獸面。故浮雕而具有特色之奇怪類者，時代最古。（第八圖）

與饕餮文同時又有虺龍文甚多，爲以所謂Z字狀之雙頭文爲首，而比較不同之一類，被用於各種器物之間，其圖文之變遷，較前者更爲明確清楚，其後又漸漸流變而爲戰國秦式銅器最特殊之蟠虺文，尤爲有趣。余於調查研究三代古銅器之企圖，爲就確實之遺品，摘出所有之文樣，先集其同類，以推定其形式之早晚，然後再研究其文樣相互之關係。而觀以上所舉顯著之二例，以及余所得其他稍稍有歸着之若干資料，大體皆屬於同一之推移。

考查銅器各別之形式，如以形態與文樣之所示相併而觀，則形之嚴肅而非現實者，多浮雕的繁縟圖文，此與形式輕快而附以雅致有趣之圖文者，當爲並行之狀態。然後者其文樣多僅以爲裝飾，而施於器物之一部分；前者，其器之全面則滿覆以圖文。至於兕觥及敦，此種文飾與其器形部分之構成，兩者尤有不可分之關係，而爲最有特色之器體。故在今日所謂三代銅器中形式嚴肅而附以繁縟之裝飾者，換言之，卽以爲尊彝之標準形式者，在形式上，其時代最早。由此以往，其形態圖文卽漸取輕快實際化之傾向。而戰國秦式銅器及漢器，又承其系統。若漢器雖在其器形圖文上，多加以嶄新之分子，然從來皆以所謂三代銅器與漢器並論對舉，實因其形式上之連鎖，蓋有充分之證明。今以此種歸結，舉卣與兕觥二器爲例，有如第九第十兩圖。如圖中 Freer 美術館所藏之卣，華府 Meyer 夫人所藏之觥，在形式學上屬於古之階段，如山中商會所藏之卣及有台之觥則爲新形式，其間者則中間之形式也。

（註一）濱田博士鼎與鬲（收於狩野教授還曆紀念支那學論叢及東亞考古學研究）

（註二）Jörg Tübner: Yü und Kuang (Leipzig, 1929)

（註三）參照梅原論所謂秦銅器（史學第十卷第三號），關於此種樣式之銅器Sirén 博士呼爲楚秦式，而在瑞典又與以淮河式（Huai Style）之名稱。然依其後資料之續出，其年代及地域皆甚爲明瞭，故今命以戰國秦樣式之新名。其詳見近刊東方文化學院京都研究所研究報告。

（註四）濱田博士爵與杯（載市村博士古稀祝賀東洋史論叢）

（註五）此器形之變遷，如欲更進而考察其新形態之出現，則又當顧及由與當時銅器並存而通行一般之陶器所受之影響，此自不待言。關於此點，濱田博士早已於中國古銅器與陶器之關係論文中說明其相互之關係。

（註六）參照徐中舒氏厵氏編鐘圖釋，William C. White: Tombs of Old Lo-Yang (Shanghai, 1934)，郭沫若氏古代銘刻彙考同續編，唐蘭氏壽縣所出銅器考略，（國學季刊第四卷第一號）劉節氏楚器圖釋等。

（註七）參照濱田博士中國古銅器研究之新資料（見前），同中國古銅器概說（删訂泉屋清賞）石田幹之助氏饕餮紋之原義（考古學雜志第十八卷第四號）等。

（註八）由此點而觀則正側面同時表出法，亦為古式圖文之特徵。不僅全體之饕餮文，即銅器中繁縟奇古之圖文，以兩單位圖形相向而作成一種饕餮式者，亦有不少當入於此種範圍之中。如倫敦 Eumorfopoulos 氏所藏象文周公彝（古銅精華第二冊一〇三圖），杞禁中之犧首夔鳳文卣（同上第一冊三圖）之器腹文等，即其好例。

七

與銅器構成之形態及圖文，如前在形式學上所考察者相比較，若款識，則並非任何器物上皆有之物。而中國金石學者取以爲研究之主要對象本之以推定器物之年代時期，於此不必更爲詳論。然彼等既有如前所述之缺點，於此卽更當溯其本而爲一新的考察。今以吾人所見確實器物之鑄銘類爲主要之資料，更加以若干可信之刻銘，自考古學之立場觀之，有極可注意一重要之點，卽銘文書體之不同是也。取其各種不同之書體，而研究其形式之先後，其順序大體可如第十一圖。自一部中國學者稱爲殷文字之單一記號的象形文字，至含有內容之長文，經過若干階段，最後乃至戰國秦式之銘款。然以此種書體之順序，復於原器而觀，又見某種書體之銘文，多在某種之器上。例如記號的單文雖亦有在爵上者，然大體言之，記號的象形文，則以在形式嚴肅而有繁縟圖紋之器上者爲多。又長銘之體勢奇古者，如象文彝所謂夨彝之銘文，亦存於同樣之器物。自此以下，其書體之變遷，蓋皆與上述器形圖文之推演相並行。故郭沫若氏以舊說未可盡信。吾人現在只論銘文之變遷，尚未察其內容，然所說已與郭氏大略相合，亦至有興味者也。郭氏之說，以周代彝銘進化觀爲題，（註一）言古代尊彝之銘文有四階段，其第一階段爲銘文之初生，

「僅在自名，自勒其私人之名，或圖記以示其所有。」

其次依文化之遞進，卽至於

「此階段之彝器，與竹帛同，直古人之書史矣，」

之程度，又舉實例，以西周之器爲其最顯著之遺品。惟春秋中葉以降，卽變而爲第三階段

「東周而後，書史性質變而爲文飾。」

及第四階段

「復返於粗略之自名，或委之於工匠之手，而爲『物勒工名』。」

其後遂以廢滅。此爲郭氏編撰兩周金文辭大系時之見解。關於同書所收器銘之年代，今已有異說

（註二），而由吾人觀之，以對於資料之選擇，既不能全然不論，則以此卽爲眞實之年代，亦自有難言，不過，其大體之變遷觀，則不誤耳。由此觀之，依銘文之書體及內容以及器物情形之違異，卽可以看出一種器物，自發生初期以降之發展全過程矣。

（註一）此論文收錄於郭氏古代銘刻彙考卷末。

（註二）參照吳其昌氏金文厤朔疏證續補及金文疑年表（北平圖書館館刊第六卷第五號至第七卷第五號）等。

八

以上所述乃關於三代尊彝形態圖文之推移，及銘辭之變遷之概觀，然其與最初所記有特色之銅利器有何如之交涉乎？是爲本文核心之重要問題。自嚴密之意義而觀在今日以無兩者共存之例，故尙不能確實知之。欲明其果爲如何，則不外有待將來關係資料之發現而已。惟今在可能範圍以內考之有惹人注意者，卽在兩者之圖文上，每每有相似之點是也。

吾人於古銅器圖文中之嚴肅奇古之動物文，以爲在形式推移上，乃屬於最初之階段。他方面，此種奇古之同式動物文，又見於複雜化利器及遠於實用之古式戈戚等之裝飾中。又在款識中，其屬於最初階段之記號的一類銘文，亦存於同樣戈戚等之所謂「內」。是以由此種相同似之點加以推測，則裝飾化之利器與古式之銅容器，或爲同時。在殷墟出土有如此之利器，又有雕牙骨片，其上刻有同樣特徵之花紋，卽可與此種情形相並觀。又古式尊彝之款識，中國金文家有認爲乃周初之器者，例如矢彝，或如象文彝，雖其所推定之年代尙難絕對相信，然與此種推測有關，故亦可視爲兩者接觸年代觀之一種旁證。

但在銅利器中，如前所述，狹義之戈（一部中國學者以爲戟者）有刻有秦始皇之紀年者，又有刻有與戰國時代所謂鳥書銘（註一）相似之戈等，此與某種銅矛所示之事實相並而觀，皆當爲極晚時代所通行之銅利器。如此推論，驟然看來，若與以上所推測有所抵觸。然狹義之戈所謂戟，乃自古式戈發達而來，此已如前述，徵之漢代，亦有同式之鐵製利器，故此事亦並不害於尊彝與利器之某種，在形式之發展過程上，乃相並而行。而因某種器物，在其長久之發展過程中，本來即有離其本脈而生出遠於實用之 symbolical 形者，則在實際形式學上戈之情形，即由現存之資料，亦大略可以實證此種之所以產生。故此古式尊彝與一部分加以裝飾而遠於實用之利器，可認爲同時存在，他方面其時代得與所謂殷墟相結合，而由此所見之事態，自與從來之見解，不能不稍稍違離也。

古式之戈，與從來被稱爲戈即狹義之戈相比較，在形式上明明爲其先驅，故冠以「古式」之形容詞，然在其本身，已成一種較一般之 halbard 遠爲進化之形式，此明明爲較進一步之發達。加以現在之問題卽加裝飾於其「內」之遺品，及有如前所言之變化之類，其刃部不適於實用者極多，則自本石器形式而以銅做製之最初階段至此，須經過利器發達之階段，乃當然之事實。而此種利器從來不見於接近中國之地方，又由在圖文上有同樣傾向之戚，與中國史前之有孔石斧，有密切之關係考之，則自然亦可推得此種簡單實用利器之發達階段，乃自中國古文化母胎之內脫化而來。

吾人現在只以中國古銅容器在形式學上，其最初階段，最強之特殊性，為吾人之歸趨，則除鼎，鬲，壺等之外，其形式極少與陶器有直接之關係，而圖文表現之甚為特異者，同時在其本身卽含有種種之問題。關於其所以呈現此種現象之重要之點，今在考古學上，尙無資料可以證實，然與古代最普通陶器之關係，則並非若何之密切，而圖文本身所示有半浮雕者，又必為極古之年代，於是使吾人想像在容易腐朽之其他物質，例如竹器木器等之內，或者有為此種之先驅之器形，或謂古銅器中如爵角等乃導源於角器之器，又如尊之某種，當自竹筒而來，蓋為極有力之想像也。

蓋古代用木竹等所作之器，以其資料之性質關係，早已腐朽，在今日不能見其實物，又果實之類，最初使用以爲容器者亦同。然人類在古代必曾使用，則不難想像知之。徵於現存之土俗品，例如在北歐各國，其木製品及木製容器使用之盛，實超越吾人之想像範圍。又於北美之土俗品中，亦可以見其著例。而在後者及大洋洲各島之木製土俗品中，又有類似中國古銅器紋中繁縟雕刻之動物花紋。因此吾人亦如一部論者所言，以中國之文物與此等相結連，以爲在古代有所謂太平洋文化圈之存在（註二），並非大膽。關於中國之古銅器文，既然承認其爲由野蠻文樣極度發達而成功，則自現在未開化民族實際之土俗，即可以類推其原始之狀態。

今試由此種觀點，對於古銅器出現初期之狀態，加以大膽之推測。於此當先考現存遺物中自古流行最廣之容器，固明明爲陶器，然此外又有用早已腐朽之物質所作相似之容器。其次若一般容器，從第一義之日常用品，隨文化之發展，又生出別種之用途，如祭器等，則此種揣其製作，當不只限於木質，而因其質料以爲形，則裝飾文之發達，又必爲當然之事。於現存銅容器中，其在形式上時代最早之複雜而有特色者，即以此種用別樣物質所作器之發展過程爲前提，而以銅倣製之器。如此則其與當代日常陶器之所以稍稍離異者，亦即易於說明。而在他方面，此種用木質所作主要之器具，有極銳利之利器者，其後自然卽變爲銅利器。如前所言，古代世界銅容器之出現，乃在技術進步，同時銅之產量又豐足以供日常最必要利器製作之需要而有餘之時，或者更爲利器質料之優良金屬卽鐵之發現以後之事，於此更當相併觀之。

按現存之資料，關於有特色之利器與銅容器之接觸並存，已加以如上之推測，故自來已成爲各別之古代銅製品，在一體系之內，各占有各自之部分。以利器爲觀點，可以推得銅容器之位置，從爲古代文化發展一過程而流行最廣之銅器時代之概念，可以論中國之銅器問題。在前節結語所言銅容器出現之時，銅利器早已發達至相當之程度，其某種器物已表現有一種顯著之特色，由此且又成爲一種裝飾化及有變化之器物。自銅容器及利器之並行而推，則銅利器實爲先驅，於是乃得推測銅利器存在之時期。而此種推測乃使返覆所述有特色銅容器之製作，得以合理化者。故中國之銅器時代，在此意義上，當更爲新的觀察，而在考古學上一般之通念，當先僅以如上眞銅利器流行之時代爲問題。又在今日關於其確實資料尙復闕如之現實，銅容器之性質，亦必須自前者之認識而出發，始能把握其性質之正確。（註三）於此當先觀某種銅利器之形式化，及銅容器出現之確實時期此已如前隨處所言，或由河南省殷墟所示之事實，比定爲殷之後半，惟終覺蓋然性爲多也。

河南省彰德府之所謂殷墟，如相傳其時期，乃殷之後半，關於此點，在今日尙絕無懷疑之人。而從來發現之種種出土品，一部學者以其皆爲殷代之所產，則尙有疑問。然關於刻在龜版獸骨之貞卜文，或疑其全無後代之僞刻，或占在自己學說之立場，以爲乃戰國時代之遺品（註四），蓋皆屬於極端。此外在現今學界之大勢，有一傾向，卽以此爲傳稱時代之遺跡。在發掘調查所得種種混雜之遺物中，本以上之見解，檢出其本來之類（註五）考之，而依近時發掘調查所得之事實，更可投以新的光明之機運。（註六）果如此，則中國之靑銅器時代，由遺跡之所示與如上遺物之關係，知其當在殷之後半以前。見於殷墟出土品中，如形式化及明器化之器物，乃眞正銅利器時代之產品。當銅利器發達之時，卽有銅容器之出現，在其產品之上，且加以新的色彩。而在殷墟出土品中，最顯著之龜版獸骨文字之出現，則又當視爲乃此種文化發達後之一種現象也。李濟博士於其安陽發掘報告第四期言殷墟文化爲多元的，又言爲進步的，蓋亦以同址出土品，全爲殷代之物，卽自遺跡之實際上而觀，亦含有難以首肯之點。惟以殷代文化已至極進步之階段，則與吾人之所見合。

（註一）參照容庚氏鳥書考（燕京學報第十六期）及鳥書考補正（同志第十七期）。

（註二）關於此種文化說，乃成於我國人之手，其稍稍完備之述作有故榊原政職君之關於北太平洋文化說（民族與歷史第七卷第三——六號）。

（註三）古代文化之發展，依地域而各有特殊之現象，此乃因各地人類智識進步之不同而有差，自不待言。由此見解，吾人深信，如銅容器之在中國，卽其著例。然在明瞭此點之先，必須在同一基準之上，確定一般所認爲古代文化發展之階段在中國之經過爲如何。本文所論，卽不外說明此點。恐爲讀者所誤解，故爲之註記。

（註四）飯島忠夫氏干支起源考（東洋學報第十六卷第四號第十七卷第一號）及殷墟文字之年代（同誌第二十一卷第一號）等。

（註五）參照梅原殷墟出土白色陶器之硏究（東方文化學院京都硏究所報告第一册）。

（註六）參照梁思永氏後岡發掘小記（安陽發掘報告第四期）。又據最近法國伯希和（Pelliot）教授實地視察之所見，言同地侯家莊正在調查中之數基古墳，據云亦爲殷之後半者，則欲找出殷代本來之所產，益覺可能，惟其詳，則有待將來報告之發表。

九

殷之後半期，其文化階段如此，其以前爲使用銅利器之時代，余此種見解，與最初所舉從來之學說，頗相背馳。尤以與𦈢所公布銅利器分析之結果，以殷之後半爲金石過渡期之純銅時代有確證之見解（註一）不相合致故此問題當然更當別考。關於如上據化學分析所說，余嘗爲文另陳鄙見（註二），對於其資料分析結果之爲純銅，雖並無何等可疑，然純銅器之作，既不能證明只限於純銅時代，則僅此即不能立得劃分中國文化階段之重大歸結，如此立說，當有種種地方，不能不加以考慮。況據分析之結果，僅未含錫，而含有多量鉛等之他種金屬成分，此明明表示當時合金術，已有相當之發達。如解爲石器使用後純銅時代之所產，則在其本身，即有矛盾也。

銅器質料之化學的研究，在考察銅器之性質上，實佔極重要之位置，此夙爲濱田博士所提倡（註三）。彼自來已研究銅鏡，銅鐸，銅鏃，泉貨等之成分，而發表其有興味之結果。而銅利器及尊彝較以上諸類更有重要之意義，其研究將大有可期。然只以此等分析之結果，而明其器物自體之成分爲何，尙不能滿足。如推測當代之化學知識，或確定因化學知識所生器物之文化性質，以爲考古學上命題之論據，則必須豫先對於供分析之資料，加以充分的考古學上之調査，以明其實體。只要資料能多，則可以期其結果之明確。更當就此種性質之分析，取形式學上有關連諸多同種之器，而觀其成分之異動如何。有此等準備調査，則據分析結果以立說，始相信能有妥當性。而在學術界現狀之下實行此種企圖，尙有困難，則惟望研究者努力促其實現而已。但如前舉銅利器分析所得之歸結，其關於此點之考察，頗不充分，只取殷墟出土之銅利器，而不留意其器物形式之本身，只重視其若干器中殆不含錫，而對於其中所含其他成分則不顧，故吾人對於其所立論，終不能無危懼之感也。

由京都帝國大學教授小松（茂）博士之發意，同博士及山內（淑人）博士在昭和五年起始爲中國古銅器之化學的研究，預先以如前所舉考古學上之意義，對於資料加以調査考察，初成古鏡之研究，最近關於銅利器第一期之調査，已經終了，今已至於尊彝之類。（註四）而其關於銅利器之見解，恰與本問題相關連，較於自來分析研究之結果，其間有一極有興味之事實，且有可資以解決者，至爲忻快。其研究結果，他日將正式公布，詳論當俟諸將來。今簡單舉其重要之點，則經過分析調查之二十六點中，在所謂戈類十三點矛八點，明明爲供實用之器，與形式化而爲明器者，其間在成分上有顯著之差別，又同爲實用之器，亦因形式而成分有異。卽在前者，實用利器概含有適量之錫，明器則缺，惟以多量之鉛代之，更加以砒素及鐵。而後者在主要成分銅錫之外，則有按形式之發展，而漸次加鉛之事實。但由此二十六例之歸納，將來分析例增加，或更得不同之結果，亦尚未可知，不過自考古學上看器物性質與成分間之關連，其此種情形蓋極爲明顯。

茲舉其實際之例，在第十二圖1，2，兩種戈及2，4之矛（鉾），其各個間成分之差異如下表，總括而觀，1與3有共同點，而2與4有合致之處。由考古學上察之，1與3具實用利器之條件，其他二者則與之相反，屬於明器之性質，同時與殷墟所出土者，其器形與質料間有密切之關係。

	戈（瞿形）1	戈2	矛3	矛4
銅	八五・二六	七八・七〇	八〇・六三	七三・九四

錫	一三·八六	○·一三	一七·三三	○·一二
鉛	○·一三	一八·○九	○·一八	一六·九二
鐵	○·二六	一·一二	○·三○	一·一九
鎳	—	○·○七	○·一二	○·一三
砒素	○·一○	一·六五	○·一一	○·九八
銻	○·○五	—	○·一四	—
硫黃	—	○·二二	—	○·五○
計	九九·六六	九九·九八	九八·八一	九三·七八

其次如前之1戈及圖中5 6兩個形式各不相同之戈，其成分之差異如次表，隨形式之發展，

	戈1	戈5	戈6
銅	八五·二六	八四·八五	七六·○六
錫	一三·八六	九·九七	一二·○三

而鉛之分量漸次加多，二者正相並行。在一時代之下，其他器物之傾向亦然。

鉛	○・一三	三・五一	一○・八九
鐵	○・二六	○・一二	○・四三
鎳	—	○・○七	○・○八
砒素	○・一○	○・四○	○・四四
銻	○・○五	○・四三	○・二○
計	九九・六六	九九・三五	一○○・一四

由以上分析之結果，更檢查自來所發表銅利器之成分，關於道野鶴松氏分析所言不含錫之器（註五），在考古學上大體具有明器之性質，與前之戈2，矛4等相合，其成分之特徵亦相近。他方而若近重博士所研究（註六），以爲供實用之戈及戚類，其成分與戈1，5，6矛3等相似，而爲青銅器。又以上因形式而成分有差，決非偶然之事，亦可爲一證明。此則益感興味者也。

中國古代利器，在其成分上，大別有二：其一爲實際的利器，乃由青銅質造成。由此其形式變化而爲明器者，則不含錫。而自來學者僅舉後類若干例，立卽確認純銅器時代之存在，其爲早計，自不待言。如上舉各種成分之遺物，在考古學上決不能謂如1實用之器，乃由如2之明器所生。而據道野氏之分析，其「內」之顯然裝飾化及形已變化之類，在形式學上當生於簡單實用形式者之後，此在第一圖已明示其形式之發展，於此不必贅言。惟如此則前所言作爲明器之器，於其成分之自身，卽當加以考查。如前屢屢所言，自來僅重視在此等成分中殆未含錫之一點。然在所有成分中，有同樣應當注意者，卽鉛成分之多。其含多量之鉛，當然不能解爲夾雜物，但究竟何以加鉛，則不能不加以考查。鉛在其本身之性質上，與銅可以製成合金，自古卽被使用，蓋以加鉛後，可有：

（一）在青銅可以減少氣孔，使鑄物健全。

（二）當鑄造時，可使湯流美好，鑄物綺麗。

（三）使鑿鏨及鐻等易於加工。（此因加鉛而成之合金，黏性減少。）

之效果，而在純銅，又可使其熔融點減低。(註七)由此知其所以特別加鉛者，蓋本如此之化學知識，用於主要成分爲純銅之鑄物，目的在使其熔融度減低也。

與以上之鉛當同時並舉者，爲鐵及砒素。在前記二例，其鐵及砒素之分量，皆在百分之一左右，此外又分析兩個同樣之明器，其分量亦有相似之狀態，其一鐵一・二三，砒素四・四九，其他鐵〇・八九，砒素一・二一。又海外之純銅器，有時亦有含相近分量之鐵者。或以此亦不過爲一種夾雜物而已，然他方面觀二十餘實用之銅利器，其鐵之爲夾雜物者，最多者爲〇・四，而大半皆不出〇・二以上，且此類除鐵之外，尙含有等量以上之砒素，故分析者山內博士以爲當解釋爲因特殊原因而添加。同博士又由化學上實驗，知所以加此兩種元素，乃用以堅固純銅之質者，在此點蓋與錫具有相似之效驗。故利器之成分不含錫而有鉛者，當由此種知識而出發，在此種利器鑄造之時代，蓋已有於成分中加鉛以減低銅之熔融點，又用鐵及砒素代錫以強固純銅之化學的知識。則其器雖不含錫，然僅此尙難立卽定爲乃如石金過渡期之低下文化階段之產品。此外尙有實用利器之青銅製品，在形式上顯然爲此種之先驅，然由此種成分而成者，並無時代相之問題，此種明器，當因特殊之情形而未曾用錫，或者與中國中原錫之產量少，有密切之關係。

於此有值得注意之一點，卽鐵並非夾雜物，乃以特殊之目的而添加，由此種解釋，使吾人又想到在當時或已有鐵之知識。(註八) 惟如前所舉鐵與鉛不同，其分量只不過百分之一左右，在海外亦有相近之成分者，則此種解釋，尙有可商，今卽據以將此種立論取消，或者較爲穩妥。然在余所見三代之標式的尊彝中，有時含有多量之鐵銹，意者當與鐵器並存，而與同尊彝之所謂「型持」有用鐵之例相併而觀，則鐵之使用，較自來一般所認定之時代更向上遡，不能認爲全不可能。蓋中國古代鐵之使用問題，將來在此方面必有新的發展，吾人不勝期而待之。

（註一）參照第一項（註四）道野鶴松氏之兩篇論文，及同氏由化學上所見古代中國之金屬及金屬文化（東方學報東京第四册）。

（註二）參照梅原「由化學上所見中國純銅器時代之確認」質疑（史學第十三卷第一號）

（註三）參照濱田博士關於一二銅鐸及銅鉾之成分（考古學雜志第八卷第六號）及同博士考古學通論序論第三章。

（註四）此中國古銅器之化學的研究，與著者在東方文化學院京都研究所最初之研究題目中國古銅器之考古學的研究相關連，亦在同研究所援助之下着手者，其後依羽田博士之厚意，受日本學術振興會之補助，得引續業，此關於研究上所應感謝者也。本文所論及銅利器之調査，卽依振興會之援助第一年度所得成績之一部，附記於此，以明所負。

（註五）參照（註一）後段東方學報論文中之表。

（註六）參照近重博士東洋鍊金術及（註二）論文十七頁之表。

（註七）此次乃本山内淑人博士之教示。又依加鉛之多少而純銅鎔融點降下之度數表，載於（註二）論文中。

（註八）道野氏所分析利器形及顯然裝飾化所謂純銅品之明器，其五例中之四例，又含百分之一以上近於三之鐵分。參照（註一）。

一〇

由化學成分研究所得關於銅利器之性質，並非如自來一部人士之所想像，此已如前段所言，而前記由考古學上所新得中國青銅器之時代觀，更加以別個之證端，則益可以增加其妥當性。今總要前旨，則如以尊彝爲時代之表徵，尚不能充分的立卽考定青銅器之時代。然與最初具有特色之尊彝並存者，有裝飾化及變爲明器之銅利器，若由此而推，則在其以前當爲使用實用利器之時代。而青銅器時代者，卽先以此期利器之特殊發展爲特色，其次不久，卽有銅容器之製作。故尊彝之出現，乃屬於第二階段，而由現在之知識而觀，殷墟時代當在第一第二過渡之時期。

由以上之歸納，更進而推測關於中國青銅器時代之性質，現在有一方法可據，卽本古代文化世界所已確知同代之知識而類推。實際徵之前所舉 Hallstatt, Etruscan 高加索等青銅製品豐富之地方，其以容器爲始而利器以外製作盛多之銅製品，皆不在純然之青銅器時代，乃屬於在其次鐵器時代，銅之產量既豐，同時又知鐵爲更有效果之利器資料之時期。觀中國之情形亦同，其眞正之青銅器時代，乃在尊彝出現以前。又上述形如明器之某種銅利器，其成分中間，既推測知有鐵之知識，則對於此種解說，自與以重要之證據。然他方面，在尊彝出現之初，已有某種利器形式化而遠於實用者，而如戈由現存之所謂古式，經具有特色之戈形，至於戟之銅利器，其形式乃繼續以發展者，又如矛劍等亦有與尊彝並存之銅利器，則在中國，或當有與此不同之特殊情形，亦未可知。如此解說，則與北歐瑞典青銅器時代之狀態稍稍相似，尊彝出現之時代，得分爲前後二期。惟在對於當代遺跡絕無基本調查之中國考古學現狀之下，二者究竟孰是，則不外全爲將來之問題。但於此所當重記者，卽戈戚等有特色之利器，在四隣各古文化國中，皆難以見出，其器形之發展，乃自石器而來，在古代中國之地域，爲不動者。換言之，卽此種銅利器之特殊的發達，乃表示中國青銅器時代之獨自性，此後不久卽成爲具有特色尊彝出現之背景。而由此以來，其時代之長短，今日雖尙無可以計出之確證，然其決不能短，則可以推測知之。

一〇　中國古代之銅利器，若考其在地面發達之特殊情況，卽觸及於中國青銅器時代之性質觀，及銅與青銅之知識，是否卽發明於此國之問題。此問題蓋有非常重要之意義，惟於其性質上，在各國皆甚難考察。而在研究上必要資料幾乎絕無之中國，其困難當益甚。蓋中國關於古代之鑛產，自禹貢以來，在文獻上固不少散見，然其關於通通之調查及歷史之沿革等，殆不可究，而現在鑛產與往古者之關係，亦當爲將來之問題。但據吾人狹隘之見聞，現在之銅鑛，比較起來，蓋廣布於中國之各地。然錫，其主要之產地則大半皆在南方，尤以雲南貴州方面爲最著，而考古代文化之中心地方——關於此地域，現在尙有難以明確之點——黃河流域則不見。觀漢代著名之丹陽徐州等處之銅山，更自古卽見知於世，而關於銅錫合金之知識，在附近無錫之地域，自然不能發明。而同時關於青銅之知識，意者亦當得自外方。

與此種觀察有關連者，又想到一種新的考察，卽因安特生博士所發現而著名之中國史前彩色陶器之性質觀，而此種彩陶同時又與近東諸國青銅器時代初期文物之趨勢，極有關係。關於彩色陶器之問題，於此不必更爲細論，總之，其對於中國史前之研究，蓋劃一新的紀元，其與自來被認爲與此同時之黝黑色鬲形及豆形等陶器，在性質上，最明顯之差異，卽在製作精良之器上，施以巧妙之彩文，其遺品極多，且最有興味者，卽與廣自近東諸國分布於黑海沿岸之一部及中亞等地之彩陶，蓋有親緣之關係。安特生博士依此種陶器之發現，謂西方文物在史前時期曾波及於中國，而由近東其他遺物所示之年代類推，又斷定其在中國乃相當於紀元前三千年之時代，其在甘肅發現之同式陶器，更詳爲組立其編年。博士此說，今已廣行於世。其見解尤爲現實者，卽在已知各地彩文陶器之編年中，關於其每一年代說，皆含有必須兼而承認之一點。此事姑且不論，總之，關於兩種性質不同陶器之並存，其一方之黑陶，既可認爲中國者，則其他不同系統之彩文陶器，自然卽與在西方相似之同種陶器，有連鎖之關係。故以西方文物在最初蓋向中國波及，大體固不誤也。然於此觀西方諸國出彩文陶器遺跡之性質，大體乃自石器時代之末期，以亙於金屬器出現之時代，恰恰相當於使用銅之初期。則以中國銅及青銅知識之所本，與此種彩文陶器之東漸相結合，或當然也。

於舊大陸關於青銅之起源問題，在今日尚不能充分解決，然銅與錫既爲合金，則必須在兩者並產之地域方爲妥當，在此點由現在之知識而觀，則波希米亞（Bohemia）等或得數爲候補之地。他方面，此種知識，雖不必發於一源，然以此由近時近東考古學進步所得之結果而觀，如愛琴文化及埃及之文物等皆有「光自東方」之諺，則於通近東諸國之兩河流域，蓋已有發達至某種程度銅文化之西來。因此研究其文物之起源，若更東求，則不能不求之東北。近時學者之所以關心於以Mohenjodaro爲首之印度古代文化遺跡以及中亞尙爲閉塞之地方者，卽以此種之關係，前途蓋有厚望焉。而西方之彩色陶器，自大體而觀，既與如上之初期銅文化有關，則前段之推測，更得推而廣之與自兩河流域而西之文物，合組一中國青銅文化所本之一元說。

關於中國青銅知識起源之推測，屋上架屋，遂得如上之假說。在今日余固不能一定主張如此，然以銅之知識視爲一元，一方面向東，一方面向西，而在前代各於其特殊文化素地之上，獨自發展其文化，則近東文物與中國青銅器之所以不同，尤以在利器之上，具有特殊之意義，亦自然可以了解。又若以近東遺跡之年代遡於古之紀元前三千年，則中國古代之年代，將有太古之嫌，亦未可知。然無論如何，以殷之後半爲石金併用期，則殊爲離謬。而如前所述，殷之後半，既已有鐵之知識，有特色之銅利器，變爲裝飾化，而其一部分且已達於明器之階段，此外又有無與比類之彝彝，則其發展之過程，亦自不能不與如此之年代相近也。至於中國古代文字之發達，及其當代特殊思想之發展等，亦能考得其肯定之背景。故余今由銅利器及尊彝出發，而對於中國考古學上之青銅器時代爲一大膽的推測，隨意寫出，以供學界之批判。其當否姑不必論，要爲中國考古學將來主要問題之一，此後當重加研討，使之漸近光明，則不勝企期之至矣。

原文分載史林十九卷三號，二十卷二，四號，又刊支那古銅精華第七册卷末。